持続可能な私たちの未来を考える

SDGsワークブック

山﨑紅 著

日経BP

本書の内容は、文中で特に断りがない場合は、本書執筆時点（2021年10月）で国際連合、国際連合広報センター、官公庁、その他関連する団体の公式ホームページに公開されている情報に基づいて、著者の見解として解説しています。最新情報は各団体ホームページでご確認ください。最新情報との違いやその他の理由により本書利用者に何らかの不利益・不都合が発生した場合も、出版社および著者は責任を負いません。

本書は、国際連合によって承認されたものではなく、国際連合、その当局者、加盟国の見解を反映しているものではありません。

The content of this publication has not been approved by the United Nations and does not reflect the views of the United Nations or its officials or Member States.

国際連合SDGs Webサイト https://www.un.org/sustainabledevelopment/

はじめに

SDGs（エスディージーズ）とは何か？

その問いに何も答えられない人は、かなり減ったでしょう。「サステナブル？」「世界全体で目指すこと…」「17の目標があるんだよね」色々な答えが皆さまの心の中に浮かんでいると思います。2015年に国連総会で2030アジェンダが採択されてから5年以上が経ち、2020年1月より「行動の10年」がスタートして以来、さまざまなメディアをとおして積極的にSDGsの啓発活動が進められています。それはまさに「このままでは達成が難しい」という状況にあるからです。今、私たち一人ひとりが行動を変える必要があります。

SDGsに関する情報は、国際連合を始めとして多くの団体から提供されていますが、情報が多すぎて何から学んだらよいか迷われる方も少なくないと思います。本書は、SDGsについて最低限知っておきたいトピックスを広く浅く取り上げて、1トピック原則1ページで解説しています。SDGsとは何かに始まって、目指す未来と現状、世界や日本のアクションといった大きな動きを解説した後で、企業や一人ひとりができることまで網羅していますので、この1冊を読めばSDGsの全体像が把握できます。また、15のワークシートを用意して、自習や教育現場での活用を促進するように工夫しています。本書を入口として、気になるキーワードを深く調べたり、関連テーマまで範囲を広げて学ぶという使い方をしていただけたら幸いです。

本書を手に取ってくださった皆さま一人ひとりがSDGsへの理解を深めて、行動を変える一助になれば、大変うれしく思います。

山﨑　紅

なお、本書を使って自習される方や講師の方は、15種類の「ワークシート」と補足情報をまとめた「学習の手引き」を以下からダウンロードできます。

https://project.nikkeibp.co.jp/bnt/atcl/21/S70200/

※ファイルのダウンロードには日経IDおよび日経BPブックス＆テキストOnlineへの登録が必要になります（いずれも登録は無料）。

持続可能な私たちの未来を考える

SDGsワークブック

目次

はじめに……(3)

第1章……1

SDGsとは何か

今さら聞けない？
SDGs（エスディージーズ）って何だろう……2
SDGsとは……4
持続可能な開発とは……7
SDGsの基になったMDGs……8
なぜSDGsに取り組むのか？……10
SDGsによって目指す世界とは……11
5つの主要原則……12
密接に関連する目標とターゲット……13
目標を具体化する169のターゲット……14
目標達成を測る具体的な指標……15
Work 01 2030アジェンダを読んでみよう……16

第2章……17

SDGsが目指す未来と現状

掲げられた17の目標…
世界の現状はどうなっているの？……18
Goal1 貧困をなくそう……20
Goal2 飢餓をゼロに……22
Goal3 すべての人に健康と福祉を……23
Goal4 質の高い教育をみんなに……24
Goal5 ジェンダー平等を実現しよう……25
Goal6 安全な水とトイレを世界中に……26
Goal7 エネルギーをみんなに そしてクリーンに……27
Goal8 働きがいも経済成長も……28
Goal9 産業と技術革新の基盤をつくろう……29
Goal10 人や国の不平等をなくそう……30
Goal11 住み続けられるまちづくりを……31
Goal12 つくる責任 つかう責任……32
Goal13 気候変動に具体的な対策を……33
Goal14 海の豊かさを守ろう……34
Goal15 陸の豊かさも守ろう……35
Goal16 平和と公正をすべての人に……36
Goal17 パートナーシップで目標を達成しよう……37
Work 02 興味を持った目標の現状を
調べてみよう……38

第3章……39

世界のアクションを知ろう

SDGsの達成に向けて
世界各国はどう取り組んでいるの？……40
世界各国によるこれまでの取り組み……42
国連ハイレベル政治フォーラム……43
SDGs達成に向けた活動を支える国連システム……44
Work 03 国連と国連システムについて
調べてみよう……46
世界各国のSDGs達成度ランキング……47
Work 04 世界各国のSDGs達成度について
調べてみよう……49
生物多様性条約に基づく
戦略計画2011-2020 愛知目標……50
国連防災機関による仙台防災枠組2015-2030……51
国連気候変動枠組条約に基づくパリ協定……52
国連責任投資原則とESG投資への関心の高まり……53
ODA（政府開発援助）による
開発途上地域への開発協力……54
Work 05 世界各国の連携について調べてみよう……55
Work 06 世界各国の先進的な取り組みを
調べてみよう……56

第4章……57

日本のアクションを知ろう

SDGsの達成に向けて
日本はどう取り組んでいるの？……58
日本にとってなぜSDGsが重要なのか……60
日本政府のこれまでの取り組み……61
日本のSDGs推進体制……62
SDGs実施指針が示す8つの優先課題……63
SDGs実施指針が示す
主なステークホルダーとその役割……64
SDGs実施指針に基づくアクションプランの方向性……65
SDGs実施指針優先課題への
具体的なアクション項目……67
Work 07 日本のランクと評価を調べてみよう……69
Work 08 最新のアクションプランを調べてみよう……70
ジェンダー平等と女性活躍……71
地域社会とともに進める子供の貧困対策……72
産学官連携で進める人材育成……73
データヘルス改革と健康経営の推進……74
Society5.0とスマートシティ構想……75
農林水産業を変える！イノベーションの挑戦……76
カーボンニュートラルに向けた
経済と環境の好循環の実現……77

事業者と家庭で取り組む食品ロス半減 78
大阪ブルー・オーシャン・ビジョンと
海洋プラスチックごみ対策 79
Work 09 日本の取り組み状況を調べてみよう 80
地方創生SDGsで目指す持続可能なまちづくり 81
Work 10 SDGs未来都市について調べてみよう ... 82
ジャパンSDGsアワード 83
Work 11 ジャパンSDGsアワードについて
調べてみよう 84

第5章 85
企業におけるアクションを考えよう

企業はどのように
SDGsに取り組んでいるんだろう？ 86
企業を取り巻く環境の変化 88
企業がSDGsに取り組むメリット 90
社会課題解決と経済合理性を両立させる 91
経団連が推進するSociety5.0 for SDGs 92
国連グローバル・コンパクト 93
SDGs経営に取り組む基本ステップ 94
経営者が長期的視点で意思決定する 96
企業理念や経営戦略に組み込む 97
Work 12 企業理念や経営戦略とSDGsについて
考えよう 98
自社の事業とSDGsの関連を考える 99
自社の働き方改革と連動させる 101
社内外に説明して理解を促進する 102
評価レポートを作成して情報共有する 103
事業全体での総合的な解決に挑戦する 104
自社の事業に関わるプレーヤー全体で取り組む ..105
企業と地域の協働によって
イノベーションを起こす 106
産学官連携や複数企業の連携で
イノベーションを起こす 107
SDGsに関連する表彰や認証に挑戦する 108
SDGsウォッシュに注意する 109
Work 13 自社に関わるSDGsを考えよう 110

第6章 111
一人ひとりができるアクションを考えよう

SDGsの達成を目指して
私たちには何ができるんだろう？ 112
「SDGsの目」で身の周りを見渡す 114
「もったいない」を探す 115
商品にまつわるストーリーに目を向ける 116
Work 14 身の回りにある問題を考えよう 117
4Rプラフアルファで自分ができることを考える ...118
食品ロスを減らす 119
エネルギーや水を大切にする 120
紙の使用量を減らす 121
プラスチックの使用量を減らす 122
交通手段を見直す 123
ヘルスリテラシーを高める 124
ESG関連銘柄に投資する 125
支援したい活動に寄付する 126
選挙に投票するときに判断材料のひとつにする ...127
Work 15 自分自身が取り組むアクションを
考えよう 128

索引 129

第1章 SDGsとは何か

今さら聞けない？
SDGs（エスディージーズ）って何だろう

今日は日曜日、新多家では、家族が一緒に食卓を囲める日です。
夕食後にリビングでテレビを眺めているリョウに、妹のナオが話しかけました。

ナオ　「最近、**SDGs**を取り上げた番組、多いね」

リョウ「うーん。そういえば、さっきもやってたよ」

ナオ　「エコに取り組んでいます、みたいな内容？」

リョウ「**CO_2削減に役立つ商品を開発した会社の話**…とかだったかな…」

ナオ　「ふーん。**SDGs**って環境保全活動のことなの？」

雑誌を読んでいた父さんが、顔を上げて話に加わりました。

父　　「ナオ、**SDGs**に興味があるの？」

ナオ　「うん。学校でも勉強する予定だけど、先に知っておきたいなって思って」

父　　「それはいいね！　リョウはどう？　大学では勉強しているんじゃないか？」

リョウ「えーっと…やった気がするけど、**持続可能**な……何だった？」

父　　「そう！　**SDGs**の**S**は、持続可能という意味の**サステナブルの略**だよ」

ナオ　「**SDGs**って略語なんだ」

リョウ「今さら聞けない空気あるよね。何の略だか忘れちゃった…」

基礎知識チェック

皆さんは「**SDGsとは何か**」知っていますか？　「言葉はよく耳にするけど、**実は詳しく知らない**」「何となくイメージは湧くけど、**説明を求められたら自信がない**」「**今さら聞けない**空気だからスルーしていた」…そういう人も少なくないかもしれません。

まず、「**SDGsとは何か**」基礎知識をチェックしましょう。

Q1	SDGsとは何の略ですか？
Q2	SDGsは、日本語でいうと何ですか？
Q3	SDGsは、いつ、誰が決めたのですか？
Q4	SDGsに取り組むのは誰ですか？
Q5	SDGsは、いつまでにやり遂げようとしていますか？
Q6	SDGsの重要なキーワード「誰一人（　　　）」–カッコに入る言葉は？
Q7	SDGsの目標（ゴール）は、いくつありますか？
Q8	目標の実現に向けた具体的なターゲットは、いくつありますか？
Q9	SDGsによってバランスよく解決したい三側面とは何ですか？
Q10	SDGsの5つのPとは何ですか？

いかがでしたか？

第1章では、そもそもSDGsとは何か、その理念や主な内容について学びます。基礎知識チェックで答えられない項目、自信がない項目があったら、第1章をよく読んで確認しましょう。

第1章　こんな疑問にお答えします

- 今さらだけど、SDG s って？
- SDGsは、どういう経緯でできたの？
- SDGsが目指す世界って、どういう状態なんだろう？

SDGsとは

▶ Point

- SDGsとは、Sustainable Development Goals（持続可能な開発目標）の略
- 2015年9月25～27日の第70回国連総会において、全会一致で採択された
- 「誰一人取り残さない」社会の実現を目指す2030年までの行動計画
- 17の目標と169のターゲットから成っている

SDGsとは、**Sustainable Development Goals**の頭文字を取った略語で、持続可能な開発目標という意味です。2015年9月25～27日ニューヨーク国連本部で行われた第70回国連総会において全会一致で採択された「**我々の世界を変革する：持続可能な開発のための2030アジェンダ**（Transforming our world: the 2030 Agenda for Sustainable Development）」（以降、2030アジェンダ）によって掲げられ、**17の目標**と**169のターゲット**から成っています。2016年に開始し、その名のとおり2030年を期限として地球規模で取り組む行動計画です。

SDGsの根底に流れる重要なキーワードが「**誰一人取り残さない（leave no one behind）**」です。2030アジェンダの前文では「我々は、この共同の旅路に乗り出すにあたり、誰一人取り残さないことを誓う。（As we embark on this collective journey, we pledge that **no one will be left behind.**）」とうたわれており、その決意が強く示されています。また、それに続く宣言のなかでも「目標とターゲットが**すべての国、すべての人々** 及び **社会のすべての部分**で満たされることを望む。そして我々は、**最も遅れているところに第一に手を伸ばす**べく努力する」とあり、弱い立場の人々も取り残さないことを重視しています。

SDGs　持続可能な開発目標

	**Goal1** **貧困をなくそう**	あらゆる場所のあらゆる形態の貧困を終わらせる End poverty in all its forms everywhere
	**Goal2** **飢餓をゼロに**	飢餓を終わらせ、食料安全保障及び栄養改善を実現し、持続可能な農業を促進する End hunger, achieve food security and improved nutrition and promote sustainable agriculture
	**Goal3** **すべての人に** **健康と福祉を**	あらゆる年齢の全ての人々の健康的な生活を確保し、福祉を促進する Ensure healthy lives and promote well-being for all at all ages
	**Goal4** **質の高い教育を** **みんなに**	全ての人に包摂的かつ公正な質の高い教育を確保し、生涯学習の機会を促進する Ensure inclusive and equitable quality education and promote lifelong learning opportunities for all
	**Goal5** **ジェンダー平等を** **実現しよう**	ジェンダー平等を達成し、全ての女性及び女児の能力強化を行う Achieve gender equality and empower all women and girls
	**Goal6** **安全な水と** **トイレを** **世界中に**	全ての人々の水と衛生の利用可能性と持続可能な管理を確保する Ensure availability and sustainable management of water and sanitation for all
	**Goal7** **エネルギーを** **みんなに** **そしてクリーンに**	全ての人々の、安価かつ信頼できる持続可能な近代的エネルギーへのアクセスを確保する Ensure access to affordable, reliable, sustainable and modern energy for all
	**Goal8** **働きがいも** **経済成長も**	包摂的かつ持続可能な経済成長及び全ての人々の完全かつ生産的な雇用と働きがいのある人間らしい雇用（ディーセント・ワーク）を促進する Promote sustained, inclusive and sustainable economic growth, full and productive employment and decent work for all
	**Goal9** **産業と技術革新の** **基盤をつくろう**	強靱（レジリエント）なインフラ構築、包摂的かつ持続可能な産業化の促進及びイノベーションの推進を図る Build resilient infrastructure, promote inclusive and sustainable industrialization and foster innovation

Goal10 **人や国の** **不平等をなくそう**	各国内及び各国間の不平等を是正する Reduce inequality within and among countries
Goal11 **住み続けられる** **まちづくりを**	包摂的で安全かつ強靱（レジリエント）で持続可能な都市及び人間居住を実現する Make cities and human settlements inclusive, safe, resilient and sustainable
Goal12 **つくる責任** **つかう責任**	持続可能な生産消費形態を確保する Ensure sustainable consumption and production patterns
Goal13 **気候変動に** **具体的な対策を**	気候変動及びその影響を軽減するための緊急対策を講じる Take urgent action to combat climate change and its impacts
Goal14 **海の豊かさを** **守ろう**	持続可能な開発のために海洋・海洋資源を保全し、持続可能な形で利用する Conserve and sustainably use the oceans, seas and marine resources for sustainable development
Goal15 **陸の豊かさも** **守ろう**	陸域生態系の保護、回復、持続可能な利用の推進、持続可能な森林の経営、砂漠化への対処、並びに土地の劣化の阻止・回復及び生物多様性の損失を阻止する Protect, restore and promote sustainable use of terrestrial ecosystems, sustainably manage forests, combat desertification, and halt and reverse land degradation and halt biodiversity loss
Goal16 **平和と公正を** **すべての人に**	持続可能な開発のための平和で包摂的な社会を促進し、全ての人々に司法へのアクセスを提供し、あらゆるレベルにおいて効果的で説明責任のある包摂的な制度を構築する Promote peaceful and inclusive societies for sustainable development, provide access to justice for all and build effective, accountable and inclusive institutions at all levels
Goal17 **パートナーシップで** **目標を達成しよう**	持続可能な開発のための実施手段を強化し、グローバル・パートナーシップを活性化する Strengthen the means of implementation and revitalize the global partnership for sustainable development

出所：「Transforming our world: the 2030 Agenda for Sustainable Development」（United Nations）
「我々の世界を変革する：持続可能な開発のための2030アジェンダ」（外務省仮訳）

持続可能な開発とは

Point

- **将来の世代の欲求を満たしつつ、現在の世代の欲求も満足させる**
- **「持続可能な開発」という概念が提唱されるようになったのは1980年代後半**
- **経済成長、社会的包摂、環境保全、3つの調和が不可欠**

「**サステナブル**」という言葉は、近年、よく耳にしてなじみがあるのではないでしょうか？　それより以前に定着した「エコ（エコロジー）」と同じ意味と受け止めている人もいるかもしれません。確かに、人類や地球が「**サステナブル**」（持続可能）であるために必要なことのひとつに環境保全もありますが、さらに多くの側面を持っています。

国連では、持続可能な開発のことを「**将来の世代の欲求を満たしつつ、現在の世代の欲求も満足させる開発**」としています。人類や地球のために、誰一人取り残さず（**包摂的**）、ずっと続いていく（**持続的**）、**レジリエント（強靭な）未来**を築くためのものです。

「**持続可能な開発**」が初めて国際的な場で提唱されたのは、「世界環境開発委員会（World Commission on Environment and Development）」が1987年に国連総会に提出した報告書においてです。1970年代までの主要な課題認識は環境問題にありましたが、1980年代に入ってから経済的福祉をもたらす開発の必要性が重視されるようになったのです。その報告書を受けて、1992年にブラジルのリオデジャネイロで開催された「国連環境開発会議（地球サミット）」において、「**持続可能な開発**」という概念が明確に示されました。自由な経済成長だけを追い求めるのではなく、**経済成長**、**社会的包摂**、**環境保全**をバランスよく実現することを考え、人類と地球の未来のためになる開発に取り組もうということです。

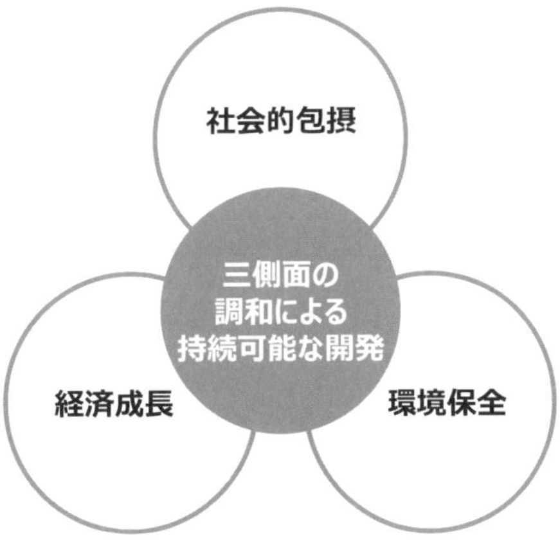

SDGsの基になったMDGs

Point

- **SDGsの基になったのがMDGs（ミレニアム開発目標）**
- **MDGsでの成果と残課題を踏まえて、新たな行動計画としてSDGsを策定**

SDGsは、それまで行われてきた多くの活動を踏まえて策定されましたが、主に基となっているのが**MDGs（Millennium Development Goals）**です。2000年9月にニューヨークで開催された国連ミレニアム・サミットで採択されたもので、2015年までに達成を目指す8つの目標と21のターゲットから成っています。2015年7月6日に発刊された「国連ミレニアム開発目標報告 2015」によれば、MDGsは一定の成果を上げましたが（次ページ参照）、**残された課題**が大きく5つ挙げられています。第一に**男女間の不平等**が続いていること、第二に**最貧困層と最富裕層、都市部と農村部の格差**が存在していること、第三に**気候変動と環境悪化**、第四に最大の脅威である**紛争**、第五に**貧困と飢餓**です。これらを踏まえて新たな行動計画として策定されたのがSDGsです。

また、**MDGsは主に途上国に関する目標**でしたが、**SDGsはすべての国に共通する普遍的目標**です。世界が抱えるさまざまな課題を検討した結果、SDGsでは17の目標が掲げられました。

MDGs　ミレニアム開発目標

目標	ターゲット（期限を省略したものは2015年まで）
Goal1 **極度の貧困と飢餓の撲滅**	●1日1ドル未満で生活する人々の割合を半減させる。 ●女性や若者を含め、完全かつ生産的な雇用とすべての人々のディーセント・ワーク（働きがいのある人間らしい仕事）を達成する。 ●飢餓に苦しむ人々の割合を半減させる。
Goal2 **普遍的な初等教育の達成**	●すべての子どもたちが、男女の区別なく、初等教育の全課程を修了できるようにする。
Goal3 **ジェンダーの平等の推進と女性の地位向上**	●できれば2005年までに初等・中等教育において、2015年までにすべての教育レベルで、男女格差を解消する。
Goal4 **乳幼児死亡率の引き下げ**	●5歳未満の幼児の死亡率を3分の2引き下げる。
Goal5 **妊産婦の健康状態の改善**	●妊産婦の死亡率を4分の3引き下げる。 ●リプロダクティブ・ヘルス（性と生殖に関する健康）の完全普及を達成する。

Goal6 **HIV/エイズ、マラリア、その他の疫病の蔓延防止**	●HIV/エイズのまん延を阻止し、その後、減少させる。 ●2010年までに、必要とするすべての人々は誰もがHIV/エイズの治療を受けられるようにする。 ●マラリアその他の主要な疾病の発生を阻止し、その後、発生率を下げる。
Goal7 **環境の持続可能性の確保**	●持続可能な開発の原則を各国の政策やプログラムに反映させ、環境資源の喪失を阻止し、回復を図る。 ●生物多様性の損失を抑え、2010年までに、損失率の大幅な引き下げを達成する。 ●安全な飲料水と基礎的な衛生施設を持続可能な形で利用できない人々の割合を半減させる。 ●2020年までに、最低1億人のスラム居住者の生活を大幅に改善する。
Goal8 **開発のためのグローバル・パートナーシップの構築**	●開放的で、ルールに基づいた、予測可能でかつ差別のない貿易および金融システムのさらなる構築を推進する。 ●後発開発途上国の特別なニーズに取り組む。 ●内陸開発途上国および小島嶼開発途上国の特別なニーズに取り組む。 ●開発途上国の債務に包括的に取り組む。 ●製薬会社との協力により、開発途上国で必須医薬品を安価に提供する。 ●民間セクターとの協力により、情報通信技術をはじめとする先端技術の恩恵を広める。

出所：国際連合広報センター「ミレニアム開発目標（MDGs）の目標とターゲット」に基づき作成

MDGsの主な成果

Goal1	●開発途上国における極度の貧困率が47%（1990年）から14%（2015年）に半減し、栄養不良の割合もほぼ半減
Goal2	●開発地域における小学校の純就学率が、83%（2000年）から91%（2015年）へ
Goal3	●すべての開発途上地域は、初等、中等および高等教育における男女格差を撲滅するという目標を達成
Goal4	●5歳未満の幼児死亡率は、1990年から2015年の間に生まれた1,000人あたり90人から43人へと半分以下に減少 ●はしかの予防接種により、2000年から2013年の間に1,560万人の死亡を防止
Goal5	●1990年以降、妊産婦死亡率45%減少 ●医療従事者の立会いによる出産は、59%（1990年）から71%（2014年）へ増加
Goal6	●HIVへの新たな感染は2000年から2013年の間で約40%低下、抗レトロウイルス療法により760万人のHIVによる死亡を防止 ●9億以上もの殺虫剤処理された蚊帳の配布などにより、620万人以上の人々のマラリアによる死亡を防止 ●結核の予防、診断、治療によって、約3,700万人の死亡を防止
Goal7	●世界人口の91%が改良された飲料水源を使用（2015年より5年早く達成） ●オゾン層破壊物質は除去・消滅され、オゾン層は今世紀半ばまでに回復する見込み
Goal8	●ODA（Official Development Assistance　政府開発援助）が2000年から2014年の間に実質66%増加し、1,352億ドルに到達 ●携帯電話の契約数は7億3,800万から70億とほぼ10倍まで増加 ●インターネットの普及率は6%（2000年）から43%まで増加、32億人がグローバル・ネットワークに繋がった

出所：国際連合広報センター「国連ミレニアム開発目標報告 2015」に基づき作成

なぜSDGsに取り組むのか？

▶ Point

- **世界には非常に多くの問題があり、このままでは立ち行かなくなる**
- **人類と地球の未来は、今を生きる私たちにかかっている**
- **MDGsなどこれまでの活動を絶やすことなく、課題解決をやり切ろう！**

なぜSDGsに取り組む必要があるのでしょうか？　それは、**このまま何もせずにいたら、人類や地球の未来は立ち行かなくなる**恐れがあるからです。世界には非常に多くの問題があります。これまでも、MDGsなどさまざまな取り組みがされてきましたが、未解決な問題も多く、新たに発生したり認識された問題もあります。

例えば、MDGsによって開発途上国の貧困率は半減したとはいえ、2015年時点で約8億人が極度の貧困のなかで生活し、飢餓状態にありました。他にも、地球規模の感染症などの脅威、頻繁に起こる大きな自然災害、紛争やテロリズム、環境の悪化、気候変動によるさまざまな悪影響など、**私たちの生命や尊厳に関わる重大な問題**が今も世界中で起きています。

SDGsの17の目標を見れば、世界が抱える問題がわかるでしょう。**17の目標の裏返しが今できていないこと**です。どの部分がどの程度深刻なのか、国や地域によって違いはありますが、すべての問題が人類や地球全体のものです。遠い国で起きていることではなく私たちすべての人に関わることとして考え、今さえよければよいのではなく未来の人類と地球のことを考えて、行動を起こす必要があります。**人類と地球の未来は、今を生きる私たちにかかっている**のです。

SDGsによって目指す世界とは

Point

- **People, Planet, Prosperity, Peace, Partnershipの5Pで考えよう**
- **17の目標が達成されたら、持続可能な世界が実現できる**

SDGsによって目指すのは、17の目標が実現されている世界です。経済成長、社会的包摂、環境保全、すなわち、**経済・社会・環境の三側面の調和**を図りながら、進めることが求められています。2030アジェンダの前文では、どういう状態を実現するのか、その決意を**人間（People）**、**地球（Planet）**、**繁栄（Prosperity）**、**平和（Peace）**、**パートナーシップ（Partnership）**の5つの視点から述べています。17の目標は、**人類の繁栄と平和**、**地球環境の保護**のためにあり、**グローバル・パートナーシップ**がその達成の重要なキーとなるのです。いずれも簡単に達成できる目標ではありませんが、すべてが達成されたら、すべての人々の生活が大いに改善されて持続可能な世界が実現できるでしょう。

SDGs　5つのP

人間 People	貧困と飢餓をなくし、すべての人間が尊厳と平等の下に、健康な環境の下に、能力を発揮できるようにする
地球 Planet	持続可能な消費と生産、天然資源の管理、気候変動に対する具体的かつスピーディな対応などにより、地球を破壊から守る
繁栄 Prosperity	すべての人間が豊かで満たされた生活を享受できるようにする 経済的・社会的・技術的な進歩と、自然との調和を図る
平和 Peace	恐怖や暴力に脅かされることなく、平和的、公正かつ包摂的な社会を実現する
パートナーシップ Partnership	全ての国、全てのステークホルダー、全ての人の参加によるグローバル・パートナーシップによって、この行動計画を実現する

出所：「我々の世界を変革する：持続可能な開発のための2030アジェンダ」（外務省仮訳）に基づき作成

5つの主要原則

▶ Point

- **2030アジェンダから読み取れる原則を簡潔にまとめた「5つの主要原則」**
- **普遍性、包摂性、参画型、統合性、透明性と説明責任**

日本政府の「持続可能な開発目標（SDGs）推進本部」によって2016年12月22日に決定された「SDGs 実施指針」は、2030年アジェンダに示されている、あるいは、その理念から当然導き出されるものとして、**5つの主要原則**を上げています。SDGsの理念を理解するうえで、わかりやすく簡潔にまとめられているので参考にするとよいでしょう。

5つの主要原則とは、**普遍性**（Universality）、**包摂性**（Inclusiveness）、**参画型**（Participatory Approach）、**統合性**（Integrated Approach）、**透明性と説明責任**（Transparency and Accountability）です。

SDGs　5つの主要原則

普遍性 **Universality**	国内実施と国際協力の両面で率先して取り組む。
包摂性 **Inclusiveness**	誰一人取り残さない。国内実施、国際協力のあらゆる課題への取り組みにおいて、人権の尊重とジェンダー平等の実現を目指し、女性、子供、若者、障害者、HIV/エイズと共に生きる人々、高齢者、先住民、難民、国内避難民、移民など、これらの脆弱な立場におかれた人々にこそ最初に手が届くように焦点を当てる。
参画型 **Participatory Approach**	脆弱な立場におかれた人々を含む一人ひとりが、施策の対象として取り残されないことを確保するのみならず、自らが当事者として主体的に参加し、持続可能な社会の実現に貢献できるよう障壁を取り除き、あらゆるステークホルダーや当事者の参画を重視し、当事者の視点を施策に反映するための手段を講じ、全員参加型で取り組む。
統合性 **Integrated Approach**	経済・社会・環境の三分野の全てにおける関連課題との相互関連性・相乗効果を重視しつつ、統合的解決の視点を持って取り組む。
透明性と説明責任 **Transparency and Accountability**	取組の実施の状況について高い透明性を確保して定期的に評価、公表し、説明責任を果たす。

出所：SDGs推進本部「SDGs 実施指針改定版」（2019年12月20日一部改定）に基づき作成

密接に関連する目標とターゲット

Point

- **17の目標と169のターゲットは、相互に密接に関連している**
- **いずれかの目標達成のために、他の目標達成を妨げてはならない**

2030アジェンダの冒頭で「これらの目標 及び ターゲットは、**統合され不可分のもの**」とあるとおり、17の目標と169のターゲットは相互に密接に関連しています。**いずれかの目標達成に向けて行う活動が他の目標達成によい影響を与えることもあれば、同時に進めないといずれの達成も難しい**場合もあります。

例えば、「Goal13　気候変動に具体的な対策を」を進めるためにCO_2削減に取り組もうと思ったら、「Goal7　エネルギーをみんなに そしてクリーンに」や「Goal12　つくる責任 つかう責任」は直結した課題ですし、「Goal15　陸の豊かさも守ろう」による森林の保全も関連するでしょう。「Goal15　陸の豊かさも守ろう」の取り組みが遅れて森林の伐採が止まらないと、大気汚染や地球温暖化だけでなく、「Goal14　海の豊かさを守ろう」にも悪影響を与える場合があります。木々が減ることで陸地から養分を多く含んだ水が海に大量に流れ込み、赤潮の原因になるのがその一例です。

いずれかの目標達成のために、他の目標達成を妨げてはならないのも重要な視点です。例えば、「Goal11　住み続けられるまちづくりを」を実現するために自然環境を破壊するような開発を進めたら、「Goal14　海の豊かさを守ろう」「Goal15　陸の豊かさも守ろう」を犠牲にすることになります。17の目標、169のターゲットの達成を目指すとき、そこに**トレードオフが発生しないように調和を図りながら進める**ことが求められるのです。

目標を具体化する169のターゲット

Point

- **17の目標の達成のために、169のターゲットが設定されている**
- **169のうち、番号が付いているのが達成基準、アルファベットは実施手段を表す**

SDGsは、17の目標に対して169のターゲットが設定されています。ターゲットとは、17の目標をより具体的にしたものです。目標ごとに複数のターゲットがあり、1.1、1.2…と**番号**が付いているものと、1.a、1.b…と**アルファベット**が付いているものがあります。番号が付いているターゲットは「**いつまでに何をどこまで実現するのか**」という具体的な**達成基準**、アルファベットが付いているのは「**どうやってやるのか**」という**実施手段**を説明しています。例えば、「Goal1　あらゆる場所のあらゆる形態の貧困を終わらせる」では、以下のように7つのターゲットがあります。

Goal1　あらゆる場所のあらゆる形態の貧困を終わらせる

1.1	2030年までに、現在1日1.25ドル未満で生活する人々と定義されている極度の貧困をあらゆる場所で終わらせる。
1.2	2030年までに、各国定義によるあらゆる次元の貧困状態にある、すべての年齢の男性、女性、子どもの割合を半減させる。
1.3	各国において最低限の基準を含む適切な社会保護制度及び対策を実施し、2030年までに貧困層及び脆弱層に対し十分な保護を達成する。
1.4	2030年までに、貧困層及び脆弱層をはじめ、すべての男性及び女性が、基礎的サービスへのアクセス、土地及びその他の形態の財産に対する所有権と管理権限、相続財産、天然資源、適切な新技術、マイクロファイナンスを含む金融サービスに加え、経済的資源についても平等な権利を持つことができるように確保する。
1.5	2030年までに、貧困層や脆弱な状況にある人々の強靭性（レジリエンス）を構築し、気候変動に関連する極端な気象現象やその他の経済、社会、環境的ショックや災害に暴露や脆弱性を軽減する。
1.a	あらゆる次元での貧困を終わらせるための計画や政策を実施するべく、後発開発途上国をはじめとする開発途上国に対して適切かつ予測可能な手段を講じるため、開発協力の強化などを通じて、さまざまな供給源からの相当量の資源の動員を確保する。
1.b	貧困撲滅のための行動への投資拡大を支援するため、国、地域及び国際レベルで、貧困層やジェンダーに配慮した開発戦略に基づいた適正な政策的枠組みを構築する。

出所：「我々の世界を変革する：持続可能な開発のための2030アジェンダ」（外務省仮訳）

目標達成を測る具体的な指標

Point

- **2017年に「持続可能な開発目標のグローバル指標フレームワーク」が採択された**
- **指標（インジケーター）は改良を重ねており、数は変動している**
- **各国の状況に合わせて設定し、フォローアップとレビューに活かされる**

2017年3月に開催された国連統計委員会のセッションにおいて合意された「持続可能な開発目標のグローバル指標フレームワーク」は、同年7月に国連総会において採択され、SDGsの目標達成を測る指標（インジケーター）として活用されています。例えば、Goal1では、7つのターゲットに対して延べ13の指標が設定されています。これらは改良を重ねており、数は多少変動しています（2021年6月時点で231指標）。

Goal1　あらゆる場所のあらゆる形態の貧困を終わらせる

ターゲット	インジケーター（指標）	
1.1	1.1.1	国際的な貧困ラインを下回って生活している人口の割合（性別、年齢、雇用形態、地理的ロケーション（都市/地方）別）
1.2	1.2.1	各国の貧困ラインを下回って生活している人口の割合（性別、年齢別）
	1.2.2	各国の定義に基づき、あらゆる次元で貧困ラインを下回って生活している男性、女性及び子供の割合（全年齢）
1.3	1.3.1	社会保障制度によって保護されている人口の割合（性別、子供、失業者、年配者、障害者、妊婦、新生児、労務災害被害者、貧困層、脆弱層別）
1.4	1.4.1	基礎的サービスにアクセスできる世帯に住んでいる人口の割合
	1.4.2	(a)土地に対し、法律上認められた書類により、安全な所有権を有している全成人の割合（性別、保有の種類別） (b)土地の権利が安全であると認識している全成人の割合（性別、保有の種類別）
1.5	1.5.1	10万人当たりの災害による死者数、行方不明者数、直接的負傷者数（指標11.5.1及び13.1.1と同一指標）
	1.5.2	グローバルGDPに関する災害による直接的経済損失
	1.5.3	仙台防災枠組み2015-2030に沿った国家レベルの防災戦略を採択し実行している国の数（指標11.b.1及び13.1.2と同一指標）
	1.5.4	国家防災戦略に沿った地方レベルの防災戦略を採択し実行している地方政府の割合（指標11.b.2及び13.1.3と同一指標）
1.a	1.a.1	貧困削減に焦点を当てた、全てのドナーからの合計政府開発援助（ODA）総額（受益国の国民総所得に占める割合）
	1.a.2	総政府支出額に占める、必要不可欠なサービス（教育、健康、及び社会的な保護）への政府支出総額の割合
1.b	1.b.1	貧困層のための公共社会支出

出所：「SDG Indicators」（総務省仮訳　2021年6月時点）

Work 01 2030アジェンダを読んでみよう

第１章では「SDGsとは何か」について概要を解説しましたが、「我々の世界を変革する：持続可能な開発のための2030アジェンダ」は日本語版（外務省仮訳）が公開されていますので、Worksheet 01を使って理解を深めましょう。日本語ではニュアンスが正確にわからない場合は、国際連合ホームページにある原文を参照することをお勧めします。

- 2030アジェンダのなかで印象に残ったキーワードや文章がありますか？
- 印象に残った理由や考えたことを書き出しましょう。
- 他にも気になったこと、調べたいことなどがあれば、書き出しましょう。

Worksheet 01（ダウンロードしてご使用ください）

Worksheet 01　2030アジェンダを読んでみよう

2030アジェンダで印象に残った文章・キーワード	印象に残った理由・考えたこと
MEMO　他にも気になったこと、調べたいことなどがあれば、書き出しましょう	

第2章 SDGsが目指す未来と現状

掲げられた17の目標…世界の現状はどうなっているの？

SDGsに興味を持ち始めたリョウとナオ、父さんも加わって話は続きます。

リョウ　「SDGsって17個も目標があるんだね！」
ナオ　「たくさんありすぎて、覚えられないかも」
リョウ　「ぼくも。それに、どれも大切だってことはわかるけど…」
父　「うん？」
リョウ　「正直にいうと、**身近でピンとくるものと何だか遠いもの**があるよ」
ナオ　「確かに、今の私にとって、命にかかわるような飢餓とか、安全な水やトイレがない生活とか、想像しにくいな」
父　「そうだね。でも、世界にはそういう人々がたくさんいるんだ」
ナオ　「**世界でどういう問題が起きているのか**、まだよくわからない…」
リョウ　「問題を解決するには、まず何が起きているのかを知るところからって…」
母　「そう！　いつも私が言っているでしょ」

ダイニングテーブルでパソコンに向かっていた母さんが、うれしそうに口を挟みました。

ナオ　「聞いてたの？」
母　「二人ともSDGsに興味を持ったなら、まず、**世界の現状**を調べてみたら」
リョウ　「出た！　母さんの『調べてみよう』　めんどくさ〜い」
父　「まあまあ…そう言わずに」

基礎知識チェック

皆さんは「**SDGs 17の目標に関する世界の現状**」を知っていますか？　2016年から開始したSDGs達成に向けた活動は既に5年以上が経過し、進捗していることもあれば、残念ながら遅れていることもあります。

「**SDGs 17の目標に関する世界の現状**」について基礎知識をチェックしましょう。

（時期の明記がない問いは2019～2021年頃のおおよその数字で考えてください）

Q1	極度の貧困にある人は世界で10人中何人くらいですか？
Q2	ユニバーサル・ヘルス・カバレッジとは何ですか？
Q3	家事などの無給労働に女性が費やす時間は、男性の何倍程度ですか？
Q4	安全に管理されたトイレが使えるのは世界で10人中何人くらいですか？
Q5	電力を使えない環境で暮らす人は世界で10人中何人くらいですか？
Q6	2010～2020年の10年間で、世界の難民は増えた？減った？
Q7	都市部に住んでいるのは世界人口の何％程度ですか？
Q8	気候変動対策の目標は産業革命前から気温上昇を何℃以下に抑えること？
Q9	世界の絶滅危惧種は何種程度ですか？
Q10	コロナ禍によって、人身売買や児童労働は増えた？減った？

いかがでしたか？

SDGsではフォローアップとレビューを重視していますので、毎年国連が進捗状況について報告書を発表しています。第2章では、国際連合広報センター「SDGs報告2016・2018・2019・2020・2021」およびUnited Unions「SDGs Report 2021」などの報告書に基づき、17の目標ごとに世界の現状を解説します。基礎知識チェックで答えられない項目、自信がない項目があったら、第2章をよく読んで確認しましょう。

第2章　こんな疑問にお答えします

- 2015年に目標を設定したとき、目指していたことって？
- 今はどうなっているの？　現状の課題って何だろう

Goal1 貧困をなくそう

Point

- **コロナ禍前から目標達成が難しい見通しだったが、コロナ禍により貧困率は悪化**
- **社会保障制度で守られている人口は半分未満、所得の低い国ほど導入の遅れ**
- **ワーキングプアは女性と若者に多い傾向があり、特に後発開発途上国で深刻**

「あらゆる場所のあらゆる形態の貧困を終わらせる」としたGoal1は、国際的な貧困ラインを下回る**極度の貧困をなくす**とともに、各国の定義における貧困ラインを下回る人々を半減すること、**社会保障制度の充実**を図ることなどがターゲットにうたわれています。貧困層ほど、**経済、社会、環境の急激な変化による悪影響や、災害などに対して弱い立場**であることから、すべての人々をさまざまな脅威から守るためにも貧困問題の解決は重要です。

貧困の撲滅は、コロナ禍以前の2019年時点でも目標達成が難しい見通しでした。1990年から2015年までは、およそ毎年1%ポイントずつ減少していた世界の貧困率が、2015年から2017年は減少ペースが鈍化したからです。2019年時点では、そのペースでいくと2030年に6%程度の達成にとどまると試算されていました。

それをさらに悪化させたのがコロナ禍です。世界的な感染拡大によって、より大きな打撃を受けたのが貧困層であり、経済活動の鈍化や失業などによって貧困状態になる人が増えて、2020年の推計では世界の貧困率が1990年以降で初めて増加に転じました。

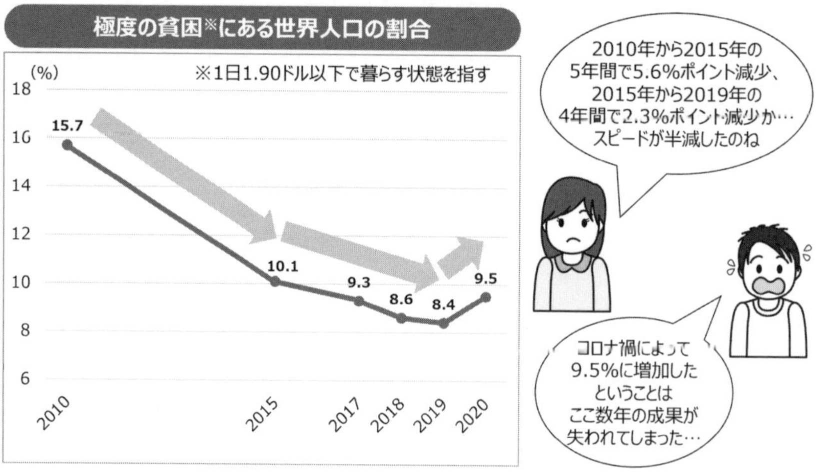

出所：国際連合広報センター「SDGs報告2016・2018・2019・2020・2021」および United Unions「SDGs Report 2021」に基づき作成

貧困をなくすには、生きるために必要な最低限の生活を保障し、安全を確保する**社会保障制度の充実が不可欠**です。2020年の推計では何らかの社会保障給付を受けている人は世界人口の46.9%でした。これを所得レベル別に集計すると、**国によって大きな格差がある**ことがわかります。高所得国では85.4%であるのに対して、所得レベルが下がると社会保障のカバー率も低下し、低所得国では13.4%しかありません。

少なくとも1つの社会的保護給付の対象となる人口の割合

（2020年または最新の利用可能年（%））

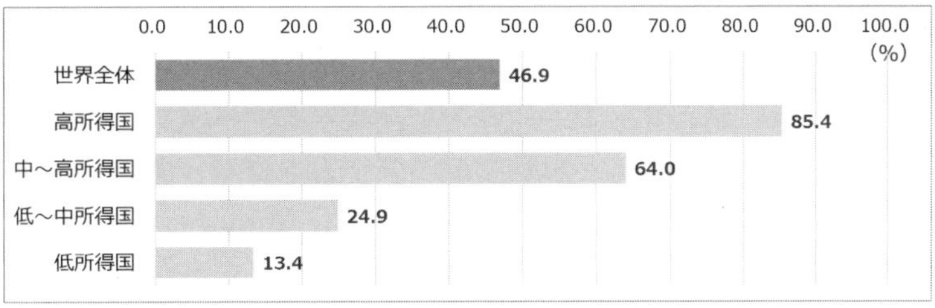

出所：United Nations「SDGs Report 2021」に基づき作成

2020年以降、**コロナ禍によって、多くの人々が社会保障制度の重要性を再認識**したことでしょう。実際、コロナ禍に対して200を超える国や地域の政府が1,600以上の社会保障策を打ち出しましたが、そのほとんどが短期的なものだと言います。もちろん、未曽有の災害に迅速に対応するのは重要ですが、根本的な解決策となる社会保障制度の整備も必要です。

ワーキングプア（働く貧困層）の問題も見過ごせません。低賃金で働き貧困から抜け出せずにいる**ワーキングプアは女性や若者に多い傾向**であり、特に男女の賃金格差は後発開発途上国で深刻です。

1日1.90ドル以下の雇用人口割合

（2019年）

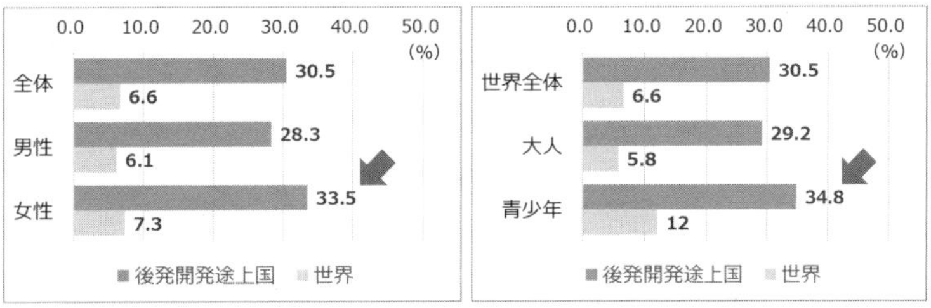

出所：United Nations「SDGs Report 2021」に基づき作成

Goal2 飢餓をゼロに

Point

- **コロナ禍以前から緩やかに悪化傾向、コロナ禍によりさらに悪化の見込み**
- **持続可能な食料生産システムの構築、農業の改革が必要**
- **開発途上地域に多い小規模食糧生産者の生産性向上や所得増加もキーポイント**

「飢餓を終わらせ、食料安全保障 及び 栄養改善を実現し、持続可能な農業を促進する」としたGoal2は、貧困層やその他の弱い立場にある人々も**一年中安全かつ栄養のある食料を十分得られる**ように、**食料生産システム**を作り、**農業の改革**を進めようとしています。ずさんな収穫活動や**食品ロス（フードロス）**は、深刻な問題のひとつです。

小規模食料生産者（小規模農家）の生産性向上や所得増加もキーポイントです。開発途上地域の食料生産者の多くが小規模ですが、大規模食料生産者に比べて生産性が低く、所得も1/2～1/3程度というデータがあります。残念ながら、コロナ禍の影響を強く受けているのも小規模食料生産者であり、積極的な支援による回復、改善が望まれます。

2015年以降、栄養不良の人口は減少しておらず、2015年以前に徐々に改善していた**飢餓の状況は緩やかに悪化傾向**でした。それが**コロナ禍によって打撃**を受けて、2019年の約6億5,000万人から、2020年時点では8億人前後まで増加すると推計されています。その影響は短期間では終わらないでしょう。栄養不良の人口の半数以上が**アジア**（4億1,800万人）であり、3分の1以上が**アフリカ**（2億8,200万人）です。

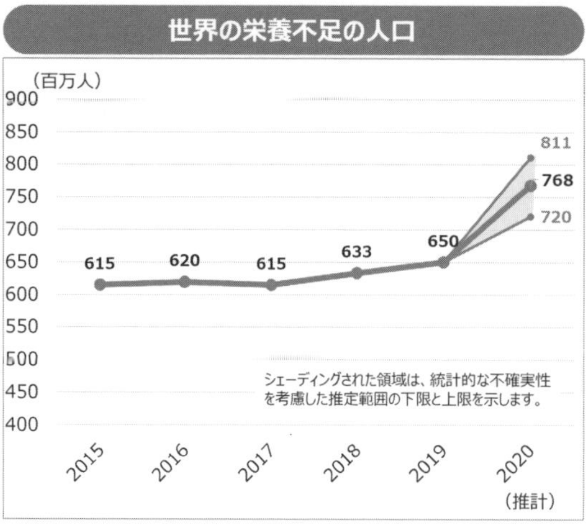

出所：United Nations「SDGs Report 2021」に基づき作成

Goal3 すべての人に健康と福祉を

Point

- **貧困などによる格差をなくし、ユニバーサル・ヘルス・カバレッジ達成が重要**
- **コロナ禍による医療のひっ迫は多くの保健分野に悪影響を与えている**

「あらゆる年齢のすべての人々の健康的な生活を確保し、福祉を促進する」としたGoal3は、**妊産婦・新生児・幼児の死亡率低下**、COVID-19・HIV/エイズ・結核・マラリアなど各種の**感染症対策**、薬物やアルコールを含む各種の**物質乱用の防止と治療の強化**、**交通事故低減**、**喫煙対策**など、幅広い活動を含んでいます。貧困などによって格差が生じないように、安全で質の高い医療・医薬品・ワクチンなどを安価に提供できる体制を整える「**ユニバーサル・ヘルス・カバレッジ（UHC）**」の達成が重要な課題です。

2020年にCOVID-19の世界的なパンデミックが起こる以前は、MDGsでの取り組みをさらに進化させながら、**多くの保健分野で前進**が見られました。新生児・幼児の死亡率低下、医療従事者の立ち合いによる出産の増加、HIV/エイズ・結核などの感染症の減少、予防接種の普及など、2030年に向けた目標達成度としては不十分な部分があるにせよ、改善傾向にあったことは確かです。それが、コロナ禍によって状況が一変しました。COVID-19による死亡や後遺症といった直接的被害も甚大ですが、**医療のひっ迫によって他のサービスを中断せざるを得ない状況**が非常に深刻です。コロナ禍によって多くの活動が後退する恐れがあり、今後の対策が望まれます。

ビフォアコロナの成果例 → **コロナ禍による悪影響例**

ビフォアコロナの成果例

- 5歳未満の死亡率・新生児死亡率
  過去10年間で、ほぼ半減
- 医療従事者の立ち合いによる出産 83%
- 15~49歳のHIV発症率
  過去10年間で24%減少
- 結核感染率 21%減少（2000年→2017年）
- 予防接種の普及により
  はしかの死者80%減少（2000年→2017年）

コロナ禍による悪影響例

- COVID-19の直接的な被害
  （死亡、心身が受ける後遺症など）
- 医療のひっ迫により、他の病気などで
  治療が必要な人々への対応の遅れ
- COVID-19対策を優先し、
  こどもの予防接種を中断する国も…
- 高齢者、貧困層、移民、難民、
  既往症があるなど、弱い立場の人々が
  より大きなダメージを受ける格差が浮き彫り

Goal4 質の高い教育をみんなに

Point

- **教育の充実は、SDGs全体の達成に関わる重要な課題！**
- **学校修了率、ジェンダー格差、学校インフラなど、教育面の不平等をなくす**

「すべての人に包摂的かつ公正な質の高い教育を確保し、生涯学習の機会を促進する」としたGoal4は、すべての子供が**男女の区別なく教育を受けられる**こと、若者や成人においても教育のジェンダー格差をなくし、**大多数の人々が読み書きや基本的計算能力を身に付ける**こと、働きがいのある人間らしい仕事に就くために必要な**技術的・職業的スキルなどの技能を備えた若者と成人の割合を増やす**ことなどをターゲットとして挙げています。

教育の充実は、SDGs全体の達成に関わる重要な課題です。教育を受けることで、働きがいのある人間らしい仕事に就けたり、貧困や飢餓から脱したり、不平等の是正やジェンダー平等への理解を深めたり、自分の健康を守る知識を身に付けたり、他にも持続可能な世界の実現に向けて行動を変えることができるからです。

2013年時点では、小学校就学年齢の子供5,900万人が学校に通えず、15歳以上の成人7億5,700万人（3分の2が女性）が読み書きできない状態でした。その後の取り組みによって一部改善が見られたものの、2020年以降は**教育分野にもコロナ禍による悪影響**があり、国連のSDGs報告2020・2021によれば、この20年の前進が帳消しになったともいえる状況です。COVID-19が猛威を振るっていた時期、休校によって90%の児童・生徒が学校に通えず、**教育面の不平等はさらに拡大**しています。**オンライン学習を受講できない**子供たちが少なくとも5億人、世帯収入によって学校修了率に著しい差が生じている国もあります。感染症対策として欠かせない**洗面設備がある小学校は65%**しかないなど、学校設備の格差も鮮明になりました。特に後発開発途上国では、洗面設備40%、飲料水56%、電気33%の普及率と、**基本的な学校インフラが不足**しています。復興のスピードを上げるために、こうした状況への対応が急がれています。

Goal5 ジェンダー平等を実現しよう

Point

- **女性や女児に対する差別や暴力は、世界のいたるところで行われている**
- **政治・経済・公共分野など女性の社会参加が進めば、経済成長にもつながる**

「ジェンダーの平等を達成し、すべての女性及び女児の能力強化を行う」としたGoal5は、あらゆる場所における**すべての女性や女児に対する差別や暴力、有害な慣行をなくして**基本的人権を守ること、**教育におけるジェンダー格差をなくす**こと、**政治・経済・公共分野でのあらゆるレベルの意思決定にも女性が参画**してリーダーシップを発揮できるようにするなど、性別に関係なく女性や女児も活躍できる世界を目指しています。

残念ながら、女性や女児に対する差別や暴力は、世界のいたるところで行われているのが実情です。2014年時点で、憲法で男女平等を保証しているのは134カ国であり、52カ国には定めがありませんでした。2000年から2014年にかけて59カ国で行われた時間の使い方に関する調査によると、**1日のうち無給労働に費やす時間の割合**は、**女性19%**、**男性8%**であり、料理や洗濯などの家事や家族の介護や看護の多くを女性が担っていました。この状況は2021年時点でも改善しておらず、むしろ、**コロナ禍によって女性の家事労働の負担が増加**しているとの報告もあります。都市封鎖（ロックダウン）が各国で行われていたときには、**女性や女児に対する暴力のリスク増大**が懸念され、実際、家庭内暴力が30%増加した国もありました。

ジェンダー平等の達成によって女性の社会参加が進むと、**労働力が増加して経済成長**にもつながります。特に関係が深いGoal4（質の高い教育をみんなに）、Goal8（働きがいも経済成長も）、Goal10（人や国の不平等をなくそう）と合わせて解決に取り組む必要があります。

意思決定への女性の平等な参加

- 女性が占める割合は、まだ低い状況が続く
  国会議員　25.6%（2020年）
  地方議員　36.3%（2020年）
  管理職　28.2%（2021年）

コロナ禍で女性への差別・暴力増加

- 都市封鎖により、女性や女児への暴力リスク増大（家庭内暴力が30%増加した国もある）
- 医療従事者とソーシャルワーカーの70%が女性
- 家事、育児、介護などの無給労働の負担が増加
  男性の2.5倍の時間を費やしている状況は改善されず

出所：国際連合広報センター「SDGs報告2020・2021」に基づき作成

Goal6 安全な水とトイレを世界中に

Point

- **安全に管理された飲料水や衛生施設は、多くの人々がまだ利用できていない**
- **持続可能な水資源の管理は、このままでは2030年に達成できない**

「すべての人々の水と衛生の利用可能性と持続可能な管理を確保する」としたGoal6は、**安全な飲料水**と、**下水施設や衛生施設の整備**を目指します。そのためには、水質汚染の減少、有害な化学物質などの放出の最小化、未処理の排水を減らして再生利用することなどが必要です。水の利用効率を大幅に改善し、**淡水の持続可能な採取と供給**を確保して水不足に対処したり、山地・森林・湿地・河川・帯水層・湖沼などの**水に関連する生態系の保護・回復**もターゲットに挙げられています。

安全な飲料水や衛生施設を利用できない人々の割合を半減するというMDG目標は、2015年より前倒しして2010年に達成し、2015年時点では世界人口の91%にあたる66億人が改善された飲料水が飲めるようになり、68%が改善された衛生施設を利用できるようになりました。しかし、6億6,300万人が改善された飲料水を飲めず、24億人が改善された衛生施設を使えず、基本的な衛生施設すらなく野外での排泄を続けている人々が9億4,600万人という状況でした。また、2015年時点で安全に管理された飲料水が利用できない人は29%、安全に管理された衛生施設が利用できない人は61%でした。

2020年時点では、安全に管理された飲料水が利用できない人が26%、安全に管理された衛生施設が利用できない人は46%まで改善しましたが、多くの人々が取り残されています。**持続可能な水資源の管理は進捗が大幅に遅れ**ており、国連「SDGs報告2021」では**前進速度を2倍にする必要がある**と指摘しています。

安全に管理された飲料水と衛生施設

- 安全に管理された飲料水が利用できない人 20億人（26%）（2020年）
- 安全に管理された衛生施設が利用できない人 36億人（46%）（2020年）
- 基本的な手洗い施設がない人 23億人（29%）（2020年）

持続可能な水資源の管理

- 水ストレスを抱える国に暮らす人 23億人（2018年）
- 1970年から2015年までに自然湿地が35%縮小 森林消失のの3倍の速度

出所：国際連合広報センター「SDGs報告2021」に基づき作成

Goal7 エネルギーをみんなに そしてクリーンに

Point

- **世界には、電力を利用できない環境で暮らす人が10人に1人程度いる**
- **再生可能エネルギーの拡大、省エネルギー、クリーンエネルギーへの移行が必須**

「すべての人々の、安価かつ信頼できる持続可能な近代的エネルギーへのアクセスを確保する」としたGoal7は、**すべての人々へのエネルギー供給と環境保全の両立**を目指しています。私たちの生活は、ビジネス、教育、医療、農業、ITを含むインフラなど、すべてエネルギーによって支えられています。**これまでは石炭・石油・ガスといった化石燃料**に頼ってきましたが、温室効果ガスの排出を抑え、気候変動にストップをかけて持続可能な世界を実現するには、**再生可能エネルギーの拡大**、**省エネルギー**、**クリーンエネルギーへの移行**が必須です。

2014年時点で、世界人口の40%超にあたる約30億人が、木材、石炭、炭、動物廃棄物など汚染につながる燃料を用いて調理していました。2019年時点では、**電力を利用できない環境で暮らす人**は7億5,900万人まで減少しましたが、そのうち4人に3人はサハラ以南アフリカにいます。**危険で非効率な調理システムを使っている人**は2014年から減少したものの、2019年時点でまだ26億人もいます。**再生可能エネルギーの拡大**については、電力部門では25.4%まで上昇しましたが、暖房部門は9.2%、輸送部門は3.4%と取り組みが遅れているのが現状です。

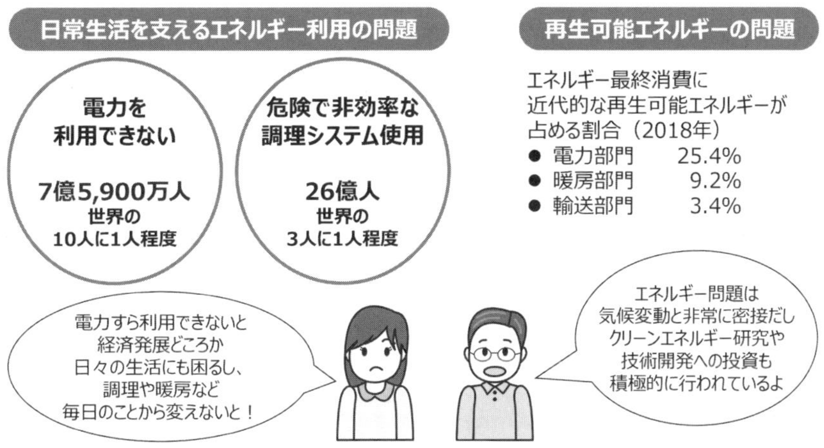

出所：国際連合広報センター「SDGs報告2021」に基づき作成

Goal8 働きがいも経済成長も

Point

- **雇用の安定、格差の是正、不当な扱い廃絶などにより、ディーセントワーク促進**
- **コロナ禍によって世界経済の成長率はマイナスへ！復興に向けた対策が急務**

「包摂的かつ持続可能な経済成長及びすべての人々の完全かつ生産的な雇用と働きがいのある人間らしい雇用（ディーセント・ワーク）を促進する」としたGoal 8は、弱い立場にある人々の**雇用を安定させて**、**格差を是正**し、強制労働や人身売買などの**不当な扱いをなくす**といった基本的人権を守る活動とともに、**経済成長率**の持続、高い**経済生産性**の達成、金融政策を含む中小零細企業支援など、**経済成長**を目指しています。

世界の失業率は2015年時点で6.1%、男女別にみると男性5.8%に対して女性6.7%でした。全体傾向として、**女性のほうが高い失業率**です。2018年には、失業率は5%まで改善しましたが、その後コロナ禍によって世界経済は大打撃を受けました。国連「SDGs報告2021」によれば、2億5,500万人分のフルタイム雇用に相当する仕事が失われたとされています。これは、2007～2009年の世界金融危機時の約4倍です。

世界の一人当たり実質GDPは2015年以降2%前後で推移、少なくとも**LDCsでは7%以上を目標**にしていましたが、コロナ前から未達でした。2020年には世界の一人当たり実質GDPはマイナス4%台まで落ち込む予測で、元の水準にもどるまでには時間がかかりそうです。

世界の一人当たり実質GDPとLDCs※の実質GDPの年間成長率　2000～2022年

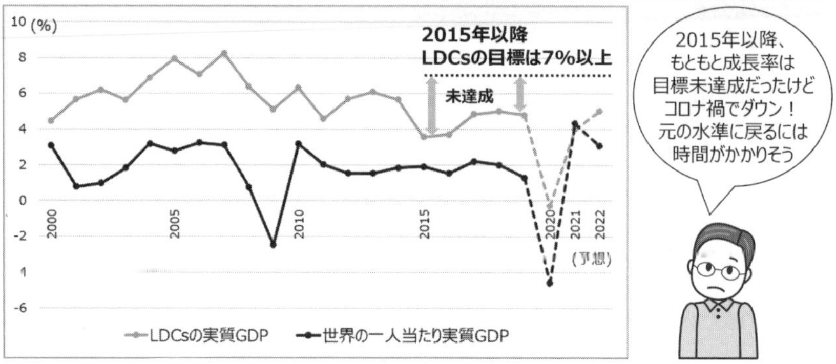

※ LDCs : Least developed countries 後発開発途上国

出所：United Nations「SDGs Report 2021」に基づき作成

Goal9 産業と技術革新の基盤をつくろう

Point

- **インフラ構築、産業化、イノベーションで私たちの生活水準を維持向上しよう**
- **国や地域による格差が大きく、開発途上国や農村部への支援が必要**

「強靭（レジリエント）なインフラ構築、包摂的かつ持続可能な産業化の促進及びイノベーションの推進を図る」としたGoal9は、経済成長と社会的包摂を支える**インフラ構築**、**産業化**の促進、**イノベーションのための研究開発投資や研究開発人材育成の強化**などを目指しています。特に、産業化が遅れている開発途上国には、国際協力によって資金面や技術面での支援を行い、ICTなどのインフラ整備、産業化、開発途上国の国内における技術開発、研究、イノベーションを促進しています。

インフラ構築、産業化、イノベーション、いずれも国や地域によって格差があります。例えば、ICTインフラとして3Gモバイル・ブロードバンド・ネットワークの普及率を見ると、2015年時点で都市部の89%に対して農村部では29%です。2019年になっても後発開発途上国ではインターネットが使用できるのは5人に1人でした。産業化に関しては、後発開発途上国における1人当たり製造業付加価値は100米ドルに満たないのに対し、先進地域では5,000米ドル近くに達しています。イノベーションを支援する研究開発投資も、先進地域は2013年時点でGDPのほぼ2.4%を費やしていますが、後発開発途上国では、この割合が平均で0.3%ありません。

国連「SDGs報告2021」によれば、コロナ禍の影響で2020年は世界の製造業の生産高が6.8%下落、人の流れが激減したことで航空業界や観光業界が壊滅的な打撃を受けました。一方、2020年後半から**景気回復に刺激を与えたのは中度・高度先端技術製品の製造**です。2020年第4四半期は2019年同期比4%の成長でした。**今後の復興を加速させるのはイノベーション**であり、研究開発投資や研究開発人材育成がカギを握ります。

Goal10 人や国の不平等をなくそう

Point

- **性別、年齢、障害、人種、階級、民族、宗教、機会などに基づく不平等を是正**
- **コロナ禍で後退した不平等是正への取り組み、弱い立場の人々への支援が急務**

「各国内及び各国間の不平等を是正する」としたGoal10は、**それぞれの国内や国家間にあるさまざまな不平等をなくす**ことを目指しています。すべての国の人口の最も貧しい40%の人々の所得成長率をその国の平均よりも速くして**所得の不平等を是正**すること、**性別、年齢、障害、人種、階級、民族、宗教、機会などに基づく不平等を是正する**こと、**安全で秩序ある正規の移住の確保**など、多くの課題があります。国際社会のなかでの開発途上国の地位向上も重要な課題であり、**グローバルな政策決定と開発援助における開発途上国の発言力向上**などに取り組んでいます。

コロナ禍以前、不平等の是正は目標未達ながらある程度の進歩がありました。2010～2017年の間に、データが取れる84カ国のうち34カ国でジニ係数（所得の不平等を0～100で測る指標で、0は全員平等、100は1人が独占を表す）が低下しており、**所得の不平等が縮小**しています。**開発途上国には貿易上の税制優遇**を行っており、特に後発開発途上国は2017年時点で輸入品の66%が無税でした。**移住労働者の送金コスト**を3%未満にする目標は未達ですが、2011年の9.3%から2020年には6.5%まで低減しています。

しかし、コロナ禍によって不平等是正への取り組みが停滞し、**災害などの非常時には弱い立場にある人々がより多くの打撃を受ける**ことが鮮明になりました。コロナ禍以降、新興市場や開発途上国において平均ジニ係数が6%上昇する見込みであるなど、所得の不平等は悪化しています。難民問題も深刻です。2010～2020年の10年間で倍増しており、2020年は世界中の移住経路で4,186人の難民が命を落としました。

人口10万人当たりに占める難民の人数

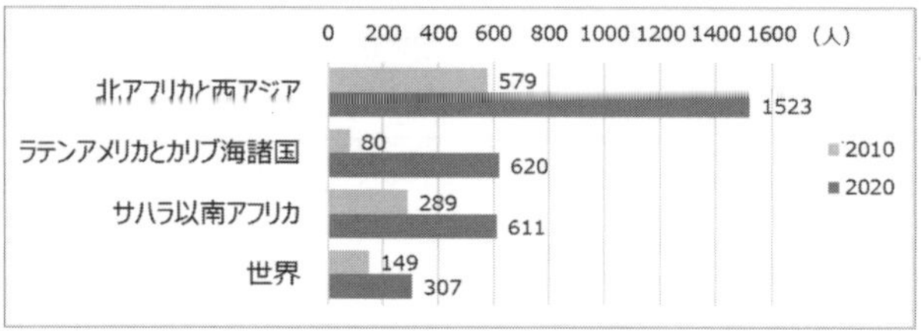

出所：United Nations「SDGs Report 2021」に基づき作成

Goal11 住み続けられるまちづくりを

Point

- **計画的なまちづくりは、経済成長、社会的包摂、環境保全のために重要！**
- **スラム化、大気汚染、公共交通手段の未整備など、都市部には多くの問題がある**

「包摂的で安全かつ強靭（リジリエント）で持続可能な都市及び人間居住を実現する」としたGoal11は、**地域のコミュニティ作りや個人の安全を強化**しながら、**イノベーションと雇用を刺激**するかたちで**都市やその他の人間居住地を再生し、計画していく**ことを目指しています。**地震や水害などの災害対策**もGoal11の重要な課題です。

現在、世界人口の約半数が都市部に住んでいますが、2030年には60％まで増加すると予測されています。無計画に都市が作られると、スラムの巨大化、交通の混乱、温室効果ガスの排出、郊外の無秩序な拡大など、さまざまな問題が起きる恐れがあります。逆に、人口が集中する都市部での問題解決を積極的に行えば、温室効果ガス削減にしても、産業の生産性向上にしても、大きな効果を生む可能性があります。**計画的なまちづくりは、経済成長、社会的包摂、環境保全、すべてに関わる重要な取り組み**なのです。

2014年時点で、全世界の都市住民の30％にあたる8億8,000万人が**スラム居住者**で、都市住民の約半数がWHO（世界保健機関）の安全基準の少なくとも2.5倍以上の大気汚染にさらされていました。2016年には、深刻な大気汚染が原因で420万人が早死にしたものと見られており、**都市部の大気汚染**は現在も大きな問題のひとつです。

国連「SDGs報告2021」によれば、世界の156カ国が都市計画の国家政策を策定していますが、残念ながら実施段階にあるのはその半数に過ぎません。例えば、都市面積のうち30％を道路に、10～15％を公共緑地にするという目標は達成されておらず、道路と公共緑地に充てた割合の世界平均は2020年で16％です。**都市部の交通整備も不十分**で、公共交通手段への便利なアクセスが可能な人（バス停などから500m以内、電車の駅などから1km以内に住む人）は、2019年時点で都市住民の半数にとどまっています。

Goal12 つくる責任 つかう責任

Point

- **「つくる」側だけでなく「つかう」側の積極的な取り組みも求められる**
- **便利な生活と引き換えに発生している問題は、先進国でより深刻**

「持続可能な生産消費形態を確保する」としたGoal12は、**天然資源の効率的活用**、サプライチェーン全体での**食品ロス削減**、**化学物質や廃棄物の削減**や適正な管理などを目指し、そのために必要な**技術開発の促進や法整備**による徹底も挙げています。「つくる責任 つかう責任」とあるように、企業などの**「つくる」側だけでなく「つかう」側の積極的な取り組み**を求めており、人々があらゆる場所において**持続可能な開発や自然と調和したライフスタイルに関する情報と意識を持つ**ようにすることもターゲットに入っています。

消費された天然資源量を表す**マテリアルフットプリント**は、2000年から2017年の間に70%増加しています。毎分100万本のペットボトル飲料が購入され、毎年5兆枚のプラスチック製レジ袋が捨てられています。**電子・電気機器の廃棄物**は、それらの普及が進むのと比例して増加しており、しかも責任ある処理が行われていないのが現状です。2019年は1人当たり7.3kgの電子・電気機器廃棄物が発生していますが、リサイクルされたのは1.7kgにとどまっています。Goal2「飢餓をゼロに」でも取り上げたように先進国における**食品ロス**は深刻で、生産者側と消費者側の両方が主体的に取り組む必要があります。これらの問題は、その多くが**私たちの便利な生活と引き換え**であることから、**開発途上国より先進国で多く発生**しています。

石炭、原油、天然ガスなどの化石燃料を生産し消費するのは、気候変動や大気汚染、公衆衛生に悪影響を及ぼします。パリ協定やSDGsによって**クリーンで再生可能なエネルギーへの移行**を進めている一方で、政府による化石燃料関連事業への補助金の撤廃が国によって進んでいないのが現状です。2021年の第26回気候変動枠組条約締約国会議（COP26）でも各国の足並みが揃わず、このままでは2030年の目標未達も懸念されています。

Goal13 気候変動に具体的な対策を

Point

- **世界の気候変動は危機的状況にあり、温室効果ガス排出量は低減されていない**
- **地球温暖化にストップをかけるために、カーボンニュートラルを目指す**

「気候変動及びその影響を軽減するための緊急対策を講じる」としたGoal13は、**カーボンニュートラル（脱炭素社会）の実現**によって地球温暖化にストップをかけて、持続可能な世界を目指すものです。**気候変動が危機的な状況**にある今、気候関連災害や自然災害に対する強靭性や適応力を高めるのはもちろんですが、**気候変動対策を国別の政策・戦略・計画に具体的に盛り込んで取り組む**こと、気候変動にどう対処していったらよいのか一人ひとりが理解して行動するための**教育を徹底すること**なども含まれます。

温室効果ガスの排出量は低減されておらず、2020年時点で史上最高レベルに達しています。**地球温暖化によって世界の気象パターンが変化**し、これまでにない厳しい気象現象や海水位上昇などが起きています。2015年に採択された「**仙台防災枠組2015-2030**」や「**パリ協定**」などに基づいて世界各国は気候変動対策に取り組んでいますが、残念ながらその成果は目標達成レベルに届いていません。世界の平均気温上昇を2030年には**産業革命前と比較して2℃、できれば1.5℃に抑える**という目標に対して、2020年時点で1.2℃上昇、このままでは1.5℃の達成が危ぶまれています。カーボンニュートラルの実現は、多くの国が2050年をターゲットにしているものの、2021年にインドが2070年と宣言するなど足並みが揃っていない状況です。温室効果ガス削減は、企業などがビジネスとして取り組むメリットが高まれば前進する可能性があり、**削減量を売り買いする国際取引**が検討されています。

世界の二酸化炭素濃度 1959~2020年

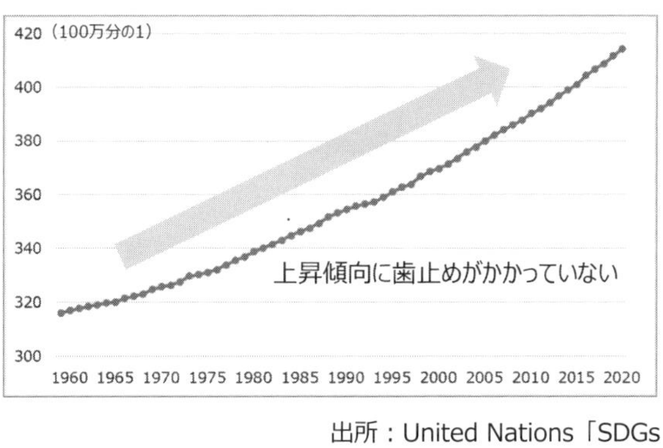

出所：United Nations「SDGs Report 2021」に基づき作成

Goal14 海の豊かさを守ろう

▶ Point

- **海洋資源保全は、小島嶼開発途上国や後発発展途上国の経済成長につながる**
- **海洋汚染、海水温度の上昇、富栄養化、酸性化、漁獲量の激減など問題山積**

「持続可能な開発のために海洋・海洋資源を保全し、持続可能な形で利用する」としたGoal14は、**海洋汚染の防止**、**海洋やその沿岸部の生態系の保護**、**海洋生物の乱獲や密漁の防止**、**漁業や養殖などの水産業への支援**などにより、海洋資源の持続可能な管理と活用を目指しています。

海洋の面積は、**地球全体の71%**を占めています。沿岸部に住む人々は2010年時点で**世界人口の37%**であり、海洋資源はそれらの人々にとって特に重要です。漁業や水産業を持続可能なものにすることは、**小島嶼（しょうとうしょ）開発途上国**（SIDS: Small Island Developing States）や**後発発展途上国**の経済成長につながります。

海洋資源を脅かす問題は、2021年時点でまだ解決されていません。海に流出している**プラスチックごみによる海洋汚染**やマイクロプラスチックが生態系に与える悪影響、気候変動による**海水温度の上昇**、**富栄養化**、**酸性化**、**漁獲量の激減**など、さまざまな問題が発生しています。海洋酸性化は海洋の二酸化炭素吸収能力を下げるなど、海洋生物に悪影響があります。このままでは2100年には海洋酸性度が100～150%高まり、**海洋生物の半数以上に影響が出る見込み**です。海洋汚染の防止や生態系の保護は、海洋やその沿岸部だけでは解決できず、気候変動対策、まちづくり、森林保全などとともに総合的に取り組んでいく必要があります。

海洋資源を脅かすさまざまな問題例

- プラスチックごみなどによる海洋汚染
- 海水温度の上昇
- 富栄養化※
- 海洋の酸性化
- 漁獲高の急減

※　海水にふくまれる栄養分が自然の状態より増え過ぎてしまうこと

▼

十分な酸素がないために
海洋生物が生息できなくなっているデッドゾーン
2008年　400カ所　→　2019年　700カ所

出所：国際連合広報センター「SDGs報告2021」に基づき作成

Goal15 陸の豊かさも守ろう

Point

- **陸地の生態系を守り、森林保全、生物多様性維持を目指す**
- **森林損失のスピードは減速しているが、生物多様性損失はゼロにできていない**

「陸域生態系の保護、回復、持続可能な利用の推進、持続可能な森林の経営、砂漠化への対処、ならびに土地の劣化の阻止・回復及び生物多様性の損失を阻止する」としたGoal15は、森林・湿地・山地・乾燥地などの**陸域生態系や内陸淡水生態系を守り**、**森林減少や砂漠化を防ぐ**こと、**生物多様性を維持**して**絶滅危惧種を保護**することなどを目指しています。

森林損失のスピードは減速していますが、2000年の世界総面積の31.9%から2020年には31.2%に低下しており、20年間で1億ヘクタール減少した計算です。2020年までに世界の生物多様性の損失をなくすとした目標は、達成できませんでした。**国際自然保護連合**（IUCN：International Union for Conservation of Nature and Natural Resources）は、毎年「**絶滅の恐れのある生物リスト（レッドリスト）**」を作成していますが、2019年版では112,432種がリストアップされ、うち30,178種が**絶滅危惧種**と評価されています。種の損失の主な原因は、不適切な方法で進められる農業や都市開発です。生物多様性を守るために、世界各国で**生物多様性領域における保護区指定**を進めていますが、2021年時点での保護区指定率は陸域43%、淡水42%、山岳41%と概ね4割程度にとどまっており、過去5年間停滞しています。

森林は、私たちが生きるために必要な空気、食物、飲料水などの供給源と言えます。世界で16億人が生計を森林に依存しており、陸生動植物や昆虫種全体の80%以上が森林に生息しています。森林保全は、人間も含めて陸地に生きる生物を守り、気候変動対策にもつながる重要課題です。

レッドリストにおける絶滅危惧種の割合

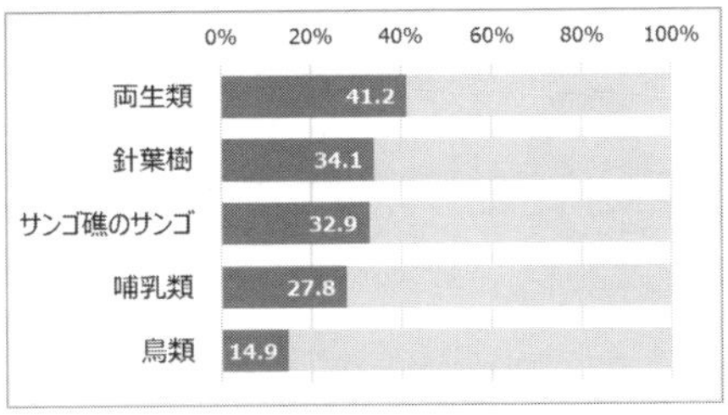

出所：United Nations「SDGs Report 2021」に基づき作成

Goal16 平和と公正をすべての人に

▶ Point

- **平和と公正は持続可能な社会の実現に不可欠だが、世界中で対立や暴力がある**
- **コロナ禍で子供が搾取されるリスクが高まり、人身売買や児童労働が増加**

「持続可能な開発のための平和で包摂的な社会を促進し、すべての人々に司法へのアクセスを提供し、あらゆるレベルにおいて効果的で説明責任のある包摂的な制度を構築する」としたGoal16は、**あらゆる暴力・虐待・人身売買などをなくす**こと、違法な資金や武器の取引を大幅に減少させて**犯罪やテロリズムを防止する**こと、**汚職や賄賂を減らす**こと、それらを実現するための**法の支配を促進する**ことなどを目指しています。

平和と公正は持続可能な社会の実現に不可欠ですが、現実には世界中で対立や暴力がなくなっていません。暴力・犯罪・テロリズム・汚職や賄賂などは、**先進国に比べて開発途上国のほうが深刻**です。例えば、2008～2014年の開発途上国における殺人発生率は、先進国の2倍です。2005～2017年には世界の81カ国で14歳未満の子供の約80%が何らかの虐待を受けていますが、その多くが開発途上国です。

女性や女児が弱い立場にあることもわかっています。国連「SDGs報告2019」によれば、殺人の犠牲者の約80%が男性ですが、親密なパートナーや家族による殺人の犠牲者は64%が女性です。人身売買の被害者も70%が女性や女児です。

コロナ禍以降は子供が搾取されるリスクが高まり、人身売買や児童労働の増加が指摘されています。2020年には児童労働が1億6,000万人に達しましたが、この20年間で増加に転じたのは初めてでした。所得減少によって子供を働きに出す結果になっていると考えられており、生活に困っている弱い立場の人々に対する社会保障策が求められています。

出所：国際連合広報センター「SDGs報告2021」に基づき作成

Goal17 パートナーシップで目標を達成しよう

▶ Point

- **SDGs達成には国際的なパートナーシップが不可欠**
- **資金、技術、能力構築、貿易、体制面からパートナーシップの強化を図る**

「持続可能な開発のための実施手段を強化し、グローバル・パートナーシップを活性化する」としたGoal17は、**資金、技術、能力構築、貿易、体制面からパートナーシップを強化**することを目指しています。人類と地球全体の課題である**SDGs達成には、国際的なパートナーシップが不可欠**です。

資金については、**先進国による開発途上国へのODA**（政府開発援助：Official Development Assistance）をGNI（国民総所得：Gross National Income）比0.7%以上にすること、なかでも後発開発途上国へのODAをGNI比0.15～0.20%にすることを目標に進めています。国連「SDGs報告2021」によれば、2020年の正味ODA総額は過去最高の1,610億円に達しましたが、GNI比0.32%と目標には届いていません。技術については、**科学技術イノベーション促進**とそのための能力開発、開発途上国への**情報通信技術の普及・利用促進**を始めとする各種の実用技術活用を進めていますが、コロナ禍でインターネット接続が圧倒的に必要な状況であったにもかかわらず、世界人口の約半分の37億人が依然としてインターネットを利用できていない状況です。

SDGs達成に向けて必要な資源を動員して効果的に活用するには、各国でその状況を**モニタリング**し、**定期的なレビューを行う**ことが必要です。国内でのレビューとともに、年1回の「**国連ハイレベル政治フォーラム**」において報告を行い、国際的なパートナーシップの強化を図っています。

Work 02 興味を持った目標の現状を調べてみよう

17の目標が目指すこと、SDGs設定当時の世界の状況、それから数年たった現状（国連「SDGs報告2021」などに基づく）について概要を解説しましたが、興味を持ったテーマはありましたか？　最新情報を検索して、**Worksheet 02**を使って理解を深めましょう。

- 17の目標のうち、最も興味を持った目標は何ですか？
- なぜ、その目標に興味を持ちましたか？
- その目標に関して、現状はどうなっていますか？
- 調べてみて感じたこと、考えたことをまとめましょう。

Worksheet 02（ダウンロードしてご使用ください）

Worksheet 02　興味を持った目標の現状を調べてみよう	
最も興味を持った目標	興味を持った理由
例：Goal 1　貧困をなくそう **Goal［　　］**	
これまでの成果（目標に対して、できていること）	現状の問題（目標に対して、できていないこと）
成果の事例（目標達成に貢献した具体例など）	問題の事例（目標達成を阻害している具体例など）
まとめ　調べてみて感じたこと、考えたことをまとめましょう	

第3章 世界のアクションを知ろう

SDGsの達成に向けて世界各国はどう取り組んでいるの？

母さんから促されて、SDGsが目指す世界とその現状について調べたリョウとナオ、あまりにも多くの問題があることに驚いています。

リョウ　「世界には、本当にたくさんの問題があるんだなぁ」

ナオ　「日本で暮らしているとピンとこないこともあったけど、私たちには想像が難しいほどの過酷な状況にある人たちがいる…」

リョウ　「貧困、飢餓、安全な水やトイレがない生活なんて！」

父　「身近な問題もたくさんあるんじゃない？」

ナオ　「地球温暖化、とても心配」

母　「健康や福祉の問題も、コロナ禍があって毎日考えるようになったわ」

リョウ　「でもそれって、**一部の国、一部の地域だけでは解決できない**よ」

母　「そう。**地球全体で取り組まないと根本的な解決にならない**ことが多いわね」

リョウ　「**地球全体で取り組むのがSDGs**…」

父　「そうだね。そのために、世界各国がさまざまな連携をしているんだ」

ナオ　「連携？」

父　「SDGsは、Goal17にパートナーシップがあるとおり、**すべての目標達成にパートナーシップが不可欠**なんだ」

リョウ　「SDGsが採択されたのは、国連総会の場だったよね」

母　「それぞれの国で事情が違うから難しいことも多いけど、それを乗り越えて協力しようと努力しているのよ」

基礎知識チェック

皆さんはSDGs達成に向けた「**世界のアクション**」を知っていますか？　新多家の家族が話し合っているように、SDGsの達成には世界各国のパートナーシップが不可欠です。

「**世界のアクション**」について基礎知識をチェックしましょう。

Q1	そもそも、国連とはどういう組織か、知っていますか？
Q2	SDGsの達成状況について各国首脳や閣僚が話し合う会合とは何ですか？
Q3	その会合は、どういうサイクルで開催されていますか？
Q4	毎年、国別のSDGs達成状況評価が公開されているのを知っていますか？
Q5	SDGsの達成に向けた活動は、さまざまな国連システム（計画、基金、専門機関など）に支えられているのを知っていますか？
Q6	SDGsに関連が深い国連システムについて代表的なものを知っていますか？
Q7	SDGsの達成に向けて、テーマ別に具体的な取り決めが採択され、連動しながら進められているのを知っていますか？
Q8	SDGsに関連が深い取り決めについて代表的なものを知っていますか？
Q9	開発途上国支援として欠かせない「ODA」とは何か、知っていますか？
Q10	2020年からスタートした「行動の10年」について知っていますか？

いかがでしたか？

SDGs達成のために世界でさまざまな場が設定され、各国の代表者によって話し合いが行われ、合意したことを実行するための取り決めがされています。また、それらの取り決めに従って世界各国がいかに取り組んでいるか、レビューやフィードバックも盛んに行われています。第3章では、そうした世界各国のアクションについて解説します。基礎知識チェックで答えられない項目、自信がない項目があったら、第3章を読んで確認しましょう。

第3章　こんな疑問にお答えします

- 世界各国の話し合いの場にはどういうものがあるの？
- 世界各国のアクションを方向付ける取り決めには、どういうものがあるの？
- 世界各国のSDGs達成度は？　SDGs達成が進んでいる国って？

世界各国による これまでの取り組み

Point

- **国連による活動を中心とした世界各国の話し合いや取り決めがベース**
- **「持続可能な開発」に関わる話し合いや取り決めは、テーマごとに複数ある**

SDGsは主にMDGsが基となっており、それをさらに拡大、進化させるかたちで策定されたことは第1章で述べたとおりですが、他にもさまざまな活動が密接に関わっています。「**持続可能な開発**」という概念が国際社会において明確に打ち出された1992年の「国連環境開発会議（地球サミット、リオサミット）」以降について、代表的なものを以下に挙げます。

1992年	●国連環境開発会議（地球サミット、**リオサミット**） ●**気候変動枠組条約**（United Nations Framework Convention on Climate Change：UNFCCC）採択―地球温暖化問題に対する国際的な枠組み ●**生物多様性条約**（Convention on Biological Diversity：CBD）採択―生物の多様性を包括的に保全し、生物資源の持続可能な利用を行う国際的な枠組み
1997年	●第3回気候変動枠組条約締約国会議（地球温暖化防止京都会議、COP3） 気候変動に関する国際連合枠組条約の**京都議定書**（Kyoto Protocol to the United Nations Framework Convention on Climate Change）採択
2000年	●**ミレニアム開発目標（MDGs）**採択
2002年	●持続可能な開発に関する世界サミット（**リオ＋10**） ●第6回生物多様性条約締約国会議「戦略計画」（2010年目標）採択
2006年	●**国連責任投資原則**（Principle for Responsible Investment：PRI） 国連環境計画・金融イニシアティブと国連グローバル・コンパクトにより推進、投資を通じてESG（Environment, Social and Governance　環境・社会・企業統治）課題への責任を全うするための行動原則
2010年	●第10回生物多様性条約締約国会議 「**愛知目標**」（ポスト2010年目標（2011-2020年））採択
2011年	●**ビジネスと人権に関する指導原則** 全ての国と企業が尊重すべきグローバル基準として国連人権理事会で承認
2012年	●国連持続可能な開発会議（**リオ＋20**）
2015年	●第3回国連防災世界会議 **仙台防災枠組2015-2030**採択―災害リスク削減に関する国際的な枠組み ●**持続可能な開発目標（SDGs）**採択 ●第21回気候変動枠組条約締約国会議 **パリ協定**採択―気候変動抑制に関する国際的な枠組み
2019年	●**SDGサミット　「SDGサミット政治宣言」**採択
2020年	●「**行動の10年（Decade of Action）**」スタート
2021年	●第15回生物多様性条約締約国会議　ポスト2020年目標採択予定 ●第26回気候変動枠組条約締約国会議

国連ハイレベル政治フォーラム

Point

- **SDGsの達成状況を各国代表者が話し合う場が「国連ハイレベル政治フォーラム」**
- **首脳級で行う「SDGサミット」（4年に1回）と閣僚級で行う毎年の会合がある**
- **2019年のSDGサミットでは「SDGサミット政治宣言」によって取り組み加速へ**

世界各国の関係者が集まってSDGsの達成状況を話し合う場は、**国連ハイレベル政治フォーラム（High-level Political Forum : HLPF）**です。2030アジェンダにあるように、SDGsではレビューとフォローアップを重視しており、定期的な会合が行われています。

ハイレベル政治フォーラムの会合は、国連総会の下で首脳級のメンバーが集まって**4年に1回行われる「SDGサミット」**と、経済社会理事会の下で閣僚級のメンバーによって**毎年行われる「ハイレベル政治フォーラム」**があります。参加者は、すべての国連加盟国と専門機関加盟国となっています。

2030アジェンダが採択された2015年の国連総会から4年後、2019年のSDGサミットでは、さまざまな取り組みが進展しているものの、残念ながら**このままのペースでは2030年に17の目標を達成するのが難しいとの認識が共有**されました。進展が認められたのは、極度の貧困、子どもの死亡率、電気・水へのアクセスなどです。遅れが指摘されたのは、飢餓、ジェンダー、格差、生物多様性、環境破壊、海洋プラスチックごみ、気候変動、災害リスクへの対応などです。そこで、SDGsへの取り組みの加速に向けて「**SDGサミット政治宣言**」が採択され、2020年1月から「**行動の10年（Decade of Action）**」がスタートしました。

今後も、毎年のハイレベル政治フォーラムで閣僚級による話し合いを続けながら、4年に1回のSDGサミットを大きな区切りとして取り組んでいくことになります。

SDGs達成に向けた活動を支える国連システム

Point

- **SDGs達成に向けた活動は、さまざまな国連システムによって支えられている**
- **国連システムとは、国連事務局、国連の各種基金、計画、専門機関などを指す**

SDGsの17の目標達成に向けた活動は、さまざまな**国連システム**によって支えられています。SDGsに関連が深い機関（基金、計画、専門機関など）について、主なものを挙げます。

名称	概要
国連開発計画（United Nations Development Programme：**UNDP**）	1965年設立。国連の開発ネットワークを先導する機関。開発途上国が「持続可能な開発目標」の達成に必要な資源や知識にアクセスできるようにする。
国連環境計画（United Nations Environment Programme：**UNEP**）	1972年設立。地球規模の環境課題を設定し、政策立案者を支援し、SDGsの取り組みのなかで環境に関する課題解決の促進を行う。
国連人口基金（United Nations Population Fund：**UNFPA**）	1969年設立。開発途上国や経済移行諸国に人口関連の支援を行う最大の機関。リプロダクティブ・ヘルス（性と生殖に関する健康）や個人の選択に基づく家族計画サービスを改善できるように支援する。
国連人間居住計画（United Nations Human Settlements Programme：**UN-Habitat**）	1978年設立。持続可能な都市化と人間居住開発に関する中心機関として、他の国連機関との協力のもとに「**国連ニュー・アーバン・アジェンダ（UNA）**」の実施、フォローアップ、レビューを調整する。スラム環境の改善、都市貧困層の削減、災害後の復興、都市水道や衛生施設の提供、シェルターの提供など。
国連児童基金（United Nations Children's Fund：**UNICEF**）	1946年設立。開発途上国の子供や母親に長期の人道援助や開発援助を行う。「**子供の権利に関する条約**」を活動の指針として、すべての子供たちを保護する環境を作り、暴力や搾取、虐待から守る。
国連防災機関（United Nations Office for Disaster Risk Reduction：**UNDRR**）	2000年設立。防災の重要性を高め、災害による被害・損失の減少、災害リスクの軽減を目指し、災害に強い国やコミュニティの構築を目指す。現在、「**仙台防災枠組2015-2030**」（2015年の第3回国連防災世界会議にて採択）を指針として活動。
ジェンダー平等と女性のエンパワーメントのための国連機関（United Nations Entity for Gender Equality and the Empowerment of Women：**UN-Women**）	2010年、**国連女性開発基金**（UNIFEM）、**国連事務局国連女性の地位向上部**、**ジェンダー問題特別顧問室**、**国連国際婦人調査訓練研修所**（UN-INSTRAW）の4つの機関を統合して設立。SDGsの達成を目指して、ジェンダーの平等と女性のエンパワーメントに関するグローバルな基準やコミットメントを実施するのを支援する。

出所：国際連合広報センター「国連基金および計画、調査訓練機関、その他の機関」に基づき作成

名称	概要
国連食糧農業機関 （Food and Agriculture Organization of the United Nations：**FAO**）	1945年設立。食料の安全保障と栄養、作物や家畜、漁業と水産養殖を含む農業、農村開発の推進を行う。10月16日の「**世界食糧デー**」は、この機関が創設された日を記念して定められた。SDGs達成に向けて①飢餓と食料不足、栄養不良をなくすること、②農業、林業、漁業をより生産的かつ持続可能にすること、③農村の貧困を削減すること、④包摂的かつ効率的な農業食料システムを可能にすること、⑤脅威や危機に対する生活の対応性を増強することに取り組んでいる。
国際労働機関 （International Labour Organization：**ILO**）	1919年設立、1946年より国連の専門機関。働く権利を促進し、すべての人々にディーセントな雇用（働きがいがある人間らしい仕事）の機会を奨励し、社会的保護を高め、労働関連の問題に関する対話の強化に取り組む。ILOが定める「**国際労働基準**」は、各国の担当当局が労働政策を実施する際の指針。
国際海事機関 （International Maritime Organization：**IMO**）	1959年設立。国際貿易に従事する船舶の安全性を高め、かつ船舶による**海洋汚染や大気汚染を防止**するために、国際的な規制の枠組みを策定する。
国際電気通信連合 （International Telecommunication Union：**ITU**）	1865年「万国電信連合」として設立、1947年より国連の専門機関。情報通信技術（ICTs）のための専門機関。**すべての人々がICTsにアクセスできるようにする**ことで、通信へ基本的権利を保護・支援する。関連する範囲は広く、健康管理、教育、行政サービス、金融市場、運輸システム、eコマース・プラットフォーム、環境管理なども支援している。
国連教育科学文化機関 （United Nations Educational, Scientific and Cultural Organization：**UNESCO**）	1946年設立。①すべての人々への教育の普及、②自然科学と社会科学の研究促進、③文化的アイデンティティの表明支援、④世界の自然遺産や文化遺産の保護、⑤情報の自由な流れと報道の自由の促進、⑥開発途上国のコミュニケーション能力強化などに取り組む。
国連工業開発機関 （United Nations Industrial Development Organization：**UNIDO**）	1966年設立、1985年より国連の専門機関。貧困の削減、包摂的グローバル化、環境の持続可能性を実現するために工業開発を促進する。2013年の国連総会で採択された「**リマ宣言**」により、開発途上国および経済移行国において「**包摂的かつ持続可能な産業開発**」（ISID）を目指す。
世界観光機関 （World Tourism Organization：**UNWTO**）	1975年に設立、2003年より国連の専門機関。SDGsを達成する手段として観光産業の促進に努める。2015年に国連総会は「**開発のための持続可能な観光の国際年**」（2017年）を宣言、その実施をUNWTOに要請。
世界保健機関 （World Health Organization：**WHO**）	1948年設立。グローバルな**保健問題**についてリーダーシップを発揮する。その政策決定機関は**世界保健総会**であり、毎年開催されている。
世界気象機関 （World Meteorological Organization：**WMO**）	1951年より国連の専門機関。気象、気候、水に関する権威のある科学情報を提供することで、財産と環境を保護し、防災計画の策定と政策決定を支援し、気象、気候、水による災害が社会経済開発に及ぼす影響を最小限することを目指す。**国連環境計画（UNEP）**とともに設立した「**気候変動政府間パネル**（Intergovernmental Panel on Climate Change：**IPCC**）」は、気候変動の理解に関連する世界各種情報を検討・評価する役割。

出所：国際連合広報センター「専門機関および関連機関」に基づき作成

Work 03 国連と国連システムについて調べてみよう

SDGsの達成に向けて、世界各国のパートナーシップをリードする国連の会合や関連する国連システムについて概要を解説しましたが、興味が持ったことがありますか？　国連の活動について最新情報を検索して、**Worksheet 03**を使って理解を深めましょう。

- 国連とは？　基本情報を確認しましょう。
- あなたが興味を持ったSDGsの目標に深く関連する国連システムは何ですか？
- それは、SDGs達成に向けてどのような活動を行っていますか？
- その活動は、どのような国々が賛同し、参加していますか？
- 調べてみて感じたこと、考えたことをまとめましょう。

Worksheet 03（ダウンロードしてご使用ください）

Worksheet 03　国連と国連システムについて調べてみよう

国連とは（基本情報）	
興味を持った目標に関連が深い国連システム	その国連システムがSDGs達成に向けて行っている主な活動
その活動に対する世界各国の参加状況（賛成・参加している国、反対・不参加な国、協力内容など）	
まとめ　調べてみて感じたこと、考えたことをまとめましょう	

世界各国の SDGs達成度ランキング

Point

- **SDGsのフォローとフィードバックのために、毎年報告書が公開されている**
- **17の目標の達成度について国別に評価し、総合ランキングを公表している**
- **フォローとフィードバックによって、世界各国の理解促進と行動加速を促す**

世界各国のSDGs達成度に対するレビューとフィードバックは、毎年SDSN（Sustainable Development Solutions Network）とBertelsmann Stiftung（独ベルテルスマン財団）により作成されている「SDG Index and Dashboards Report」（2016～2018）や「Sustainable Development Report」（2019～）によって公表されています。2016年から2021年までの総合ランキング上位20カ国と、そのスコアは次のとおりです。

SDGs達成度スコアランキング

Rank	2016年		2017年		2018年	
1	スウェーデン	84.5	スウェーデン	85.6	スウェーデン	85.0
2	デンマーク	83.9	デンマーク	84.2	デンマーク	84.6
3	ノルウェー	82.3	フィンランド	84.0	フィンランド	83.0
4	フィンランド	81.0	ノルウェー	83.9	ドイツ	82.3
5	スイス	80.9	チェコ共和国	81.9	フランス	81.2
6	ドイツ	80.5	ドイツ	81.7	ノルウェー	81.2
7	オーストリア	79.1	オーストリア	81.4	スイス	80.1
8	オランダ	78.9	スイス	81.2	スロベニア	80.0
9	アイスランド	78.4	スロベニア	80.5	オーストリア	80.0
10	イギリス	78.1	フランス	80.3	アイスランド	79.7
11	フランス	77.9	**日本**	**80.2**	オランダ	79.5
12	ベルギー	77.4	ベルギー	80.0	ベルギー	79.0
13	カナダ	76.8	オランダ	79.9	チェコ共和国	78.7
14	アイルランド	76.7	アイスランド	79.3	イギリス	78.7
15	チェコ共和国	76.7	エストニア	78.6	**日本**	**78.5**
16	ルクセンブルグ	76.7	イギリス	78.3	エストニア	78.3
17	スロベニア	76.6	カナダ	78.0	ニュージーランド	77.9
18	**日本**	**75.0**	ハンガリー	78.0	アイルランド	77.5
19	シンガポール	74.6	アイルランド	77.9	韓国	77.4
20	オーストラリア	74.5	ニュージーランド	77.6	カナダ	76.8

出所：SDSN, BertelsmannStiftung「SDG Index and Dashboards Report 2016,2017,2018」

SDGs達成度スコアランキング

Rank	2019年		2020年		2021年	
1	デンマーク	85.2	スウェーデン	84.7	フィンランド	85.9
2	スウェーデン	85.0	デンマーク	84.6	スウェーデン	85.6
3	フィンランド	82.8	フィンランド	83.8	デンマーク	84.9
4	フランス	81.5	フランス	81.1	ドイツ	82.5
5	オーストリア	81.1	ドイツ	80.8	ベルギー	82.2
6	ドイツ	81.1	ノルウェー	80.8	オーストリア	82.1
7	チェコ共和国	80.7	オーストリア	80.7	ノルウェー	82.0
8	ノルウェー	80.7	チェコ共和国	80.6	フランス	81.7
9	オランダ	80.4	オランダ	80.4	スロベニア	81.6
10	エストニア	80.2	エストニア	80.1	エストニア	81.6
11	ニュージーランド	79.5	ベルギー	80.0	オランダ	81.6
12	スロベニア	79.4	スロベニア	79.8	チェコ共和国	81.4
13	イギリス	79.4	イギリス	79.8	アイルランド	81.0
14	アイスランド	79.2	アイルランド	79.4	クロアチア	80.4
15	**日本**	**78.9**	スイス	79.4	ポーランド	80.2
16	ベルギー	78.9	ニュージーランド	79.2	スイス	80.1
17	スイス	78.8	**日本**	**79.2**	イギリス	80.0
18	韓国	78.3	ベラルーシ	78.8	**日本**	**79.8**
19	アイルランド	78.2	クロアチア	78.4	スロバキア共和国	79.6
20	カナダ	77.9	韓国	78.3	スペイン	79.5

出所：SDSN, BertelsmannStiftung「Sustainable Development Report 2019,2020,2021」

常にランキングトップクラスにいるのは、スウェーデン、デンマーク、フィンランド、ノルウェーといった北欧諸国、次いで、ドイツ、フランスなども上位にいます。日本は、2018年以降スコアは改善しているものの、他の国々もスコアアップしているので徐々にランクを落としています。2021年の報告では、日本は18位、20位以内にランクインしていない主要国については、韓国（28位）、アメリカ（32位）、ロシア連邦（46位）、中国（57位）です。

Work 04 世界各国のSDGs達成度について調べてみよう

世界各国のSDGs達成度についてランキングを紹介しましたが、興味を持った国はありましたか？　最新の「Sustainable Development Report」を検索して、**Worksheet 04**を使って理解を深めましょう。

- 最新のランキングはどうなっていますか？
- ランキングトップクラスの国々は、他に比べてどういう点で優れていますか？
  17の目標のなかで、特にスコアに差が付いているものはありますか？
- ランキング上位に入っていない先進国では、どういう点に問題がありますか？
  17の目標のなかで、特にスコアに差が付いているものはありますか？
- あなたが興味を持っている国は、どういう評価を受けていますか？
- 調べてみて感じたこと、考えたことをまとめましょう。

Worksheet 04（ダウンロードしてご使用ください）

Worksheet 04	世界各国のSDGs達成度について調べてみよう			
達成度ランキング 国名・スコア			トップクラスの国々が優れている点	上位に入っていない先進国と主な問題点
1				
2				
3				
4				
5				
6				
7				
8				
9				
10				
興味を持っている国の評価（ランク、スコア、活動が前進していること、停滞・後退していること）				
まとめ	調べてみて感じたこと、考えたことをまとめましょう			

生物多様性条約に基づく戦略計画2011-2020　愛知目標

Point

- **生物多様性の確保、生態系の保全に関する2011-2020年の世界目標**
- **2050年までに自然と共生する（Living in harmony with nature）」世界を目指す**

1992年に締結された**生物多様性条約**に基づき、世界各国は生物多様性の確保、生態系の保全に取り組んできました。2002年の第6回生物多様性条約締約国会議（オランダ・ハーグ）で採択された「締約国は2010年までに、地球、地域、国レベルで、貧困緩和と地球上すべての生物の便益のために、生物多様性の現在の損失速度を顕著に減少させる」という「戦略計画」（2010年目標）は達成できなかったため、2010年以降の世界目標として**第10回生物多様性条約締約国会議**において「**戦略計画2011-2020**」が採択されました。「戦略計画2011-2020」には、**ビジョン（中長期目標2050年）**、**ミッション（短期目標2020年）**、**20の個別目標**があります。20の個別目標は、第10回生物多様性条約締約国会議が愛知県名古屋市で開催されたのにちなんで「**愛知目標**」と呼ばれています。

ビジョン：「**自然と共生する（Living in harmony with nature）**」世界を実現する	
ミッション：回復力があり、また必要なサービスを引き続き提供できる生態系を確保するため、生物多様性の損失を止めるための効果的かつ緊急の行動を実施する	
20の個別目標（愛知目標）	
1. 人々が生物多様性の価値と行動を認識する 2. 生物多様性の価値が国と地方の計画などに統合され、適切な場合に国家勘定、報告制度に組み込まれる 3. 生物多様性に有害な補助金を含む奨励措置が廃止、又は改革され、正の奨励措置が策定・適用される 4. すべての関係者が持続可能な生産・消費のための計画を実施する 5. 森林を含む自然生息地の損失が少なくとも半減、可能な場合にはゼロに近づき、劣化・分断が顕著に減少する 6. 水産資源が持続的に漁獲される 7. 農業・養殖業・林業が持続可能に管理される 8. 汚染が有害でない水準まで抑えられる 9. 侵略的外来種が制御され、根絶される 10. サンゴ礁等気候変動や海洋酸性化に影響を受ける脆弱な生態系への悪影響を最小化する	11. 陸域の17%、海域の10%が保護地域等により保全される 12. 絶滅危惧種の絶滅・減少が防止される 13. 作物・家畜の遺伝子の多様性が維持され、損失が最小化される 14. 自然の恵みが提供され、回復・保全される 15. 劣化した生態系の少なくとも15%以上の回復を通じ気候変動の緩和と適応に貢献する 16. ABS（Access and Benefit-sharing）に関する名古屋議定書が施行、運用される 17. 締約国が効果的で参加型の国家戦略を策定し、実施する 18. 伝統的知識が尊重され、主流化される 19. 生物多様性に関連する知識・科学技術が改善される 20. 戦略計画の効果的な実施のための資金資源が現在のレベルから顕著に増加する

出所：環境省ホームページ「戦略計画2011-2020」「愛知目標」に基づき作成

国連防災機関による
仙台防災枠組 2015-2030

Point

- **災害リスク管理に関する2015-2030年の世界目標**
- **4つの優先行動と7つのターゲットの合意により、各国の取り組みを促進**

2000年に設立された**国際防災機関**は、世界の災害リスク削減と災害に対する強靭性の構築を目指して活動してきました。2005年に採択された「**兵庫行動枠組2005－2015**」の後継として、2015年に宮城県仙台市で開催された**第3回国連防災世界会議**で採択されたのが「**仙台防災枠組2015-2030**」です。効果的な災害リスク管理は、持続可能な開発を進めるうえでも重要であり、SDGsの達成に向けた活動として推進されています。

「**仙台防災枠組2015-2030**」が2030年までに目指す成果は「人命・暮らし・健康と、個人・企業・コミュニティ・国の経済的・物理的・社会的・文化的・環境的資産に対する災害リスク及び損失を大幅に削減する」ことです。つまり、**経済・社会・環境**の3つの側面における災害リスク管理を促進するものです。活動を具体化するために、**4つの優先行動**と**7つのターゲット**が合意されました。

4つの優先行動	1. 災害リスクの**理解** 2. 災害リスクを管理する**災害リスク・ガバナンス**の強化 3. 強靭性のための災害リスク削減への**投資** 4. 効果的な災害対応への備えの向上と、復旧・復興過程における「**より良い復興(Build Back Better)**」
7つのターゲット	a. 災害による世界の10万人当たり死亡者数について、2020年から2030年の間の平均値を2005年から2015年までの平均値に比して低くすることを目指し、2030年までに世界の**災害による死亡者数**を大幅に削減する。 b. 災害による世界の10万人当たり被災者数について2020年から2030年の間の平均値を2005年から2015年までの平均値に比して低くすることを目指し、2030年までに世界の災害による**被災者数**を大幅に削減する。 c. **災害による直接経済損失**を、2030年までに国内総生産（GDP）との比較で削減する。 d. 強靭性を高めることなどにより、医療・教育施設を含めた**重要インフラへの損害や基本サービスの途絶**を、2030年までに大幅に削減する。 e. 2020年までに、国家・地方の**防災戦略を有する国家数**を大幅に増やす。 f. 2030年までに、本枠組の実施のため、開発途上国の施策を補完する適切で持続可能な支援を行い、**開発途上国への国際協力**を大幅に強化する。 g. 2030年までに、マルチハザードに対応した**早期警戒システムと災害リスク情報・評価の入手可能性**とアクセスを大幅に向上させる。

出所：外務省ホームページ「仙台防災枠組 2015-2030（仮訳）」に基づき作成

国連気候変動枠組条約に基づくパリ協定

Point

- **京都議定書に代わる2020年以降の温室効果ガス排出削減等のための国際枠組み**
- **世界の平均気温上昇を産業革命前と比較して2℃、できれば1.5℃に抑える**
- **遅くとも2075年、できれば2050年までに脱炭素社会の実現が必要**

1992年に採択された**国連気候変動枠組条約**に基づき、1995年より国連気候変動枠組条約締約国会議が毎年開催され、**温室効果ガス排出量削減の実現**に向けた世界各国の話し合いが継続されてきました。パリ協定は、2015年に**第21回気候変動枠組条約締約国会議**（フランス・パリ）で採択されたもので、1997年に採択された**京都議定書**に代わる2020年以降の温室効果ガス排出削減等のための新たな国際枠組みです。

歴史上初めて、すべての国が参加する公平な合意であり、京都議定書以来、日本が長く主張してきた「**すべての国による取り組み**」が実現したことになります。なお、米国は2019年11月トランプ大統領によって離脱が正式に表明されましたが、国際社会の非難は激しく、2021年1月バイデン大統領によって復帰が表明されています。

パリ協定では、世界の平均気温上昇を産業革命前と比較して**2℃より充分低く抑え、1.5℃に抑える努力を追求する**ことを目的としています。IPCC（気候変動に関する政府間パネル）が発表した報告書のデータによれば、パリ協定のゴールを達成するには、遅くとも**2075年**、できれば**2050年**までに**脱炭素社会の実現**（世界全体の温室効果ガス排出量を実質的にゼロにすること）が必要であると予測されています。

パリ協定の概要	●世界共通の長期目標として2℃目標の設定。1.5℃に抑える努力を追求すること。 ●主要排出国を含む全ての国が削減目標を5年ごとに提出・更新すること。 ●全ての国が共通かつ柔軟な方法で実施状況を報告し、レビューを受けること。 ●適応の長期目標の設定、各国の適応計画プロセスや行動の実施、適応報告書の提出と定期的更新。 ●イノベーションの重要性の位置付け。 ●5年ごとに世界全体としての実施状況を検討する仕組み（グローバル・ストックテイク）。 ●先進国による資金の提供。これに加えて、途上国も自主的に資金を提供すること。 ●二国間クレジット制度（JCM）も含めた市場メカニズムの活用。

出所：外務省ホームページ「気候変動　2020年以降の枠組み：パリ協定の概要」

国連責任投資原則とESG投資への関心の高まり

Point

- **投資にESGの視点を組み入れることなどからなる国際的な投資原則**
- **国連責任投資原則により、ESG投資という概念が世界に広がりつつある**

国連責任投資原則（Principles for Responsible Investment：PRI）とは、投資に**ESG**（Environment環境、Social社会、Governance企業統治）の視点を組み入れて、「**持続可能な社会の構築に向けて貢献できているか**」に着目して投資先の企業を選別することなどを掲げたものです。国連環境計画・金融イニシアティブと国連グローバル・コンパクトにより策定され、2006年に国連事務総長より金融業界に向けて提唱されました。

企業経営にESGの視点を取り入れたり、事業をとおしてSDGs達成に積極的に取り組むことは、大きな資産を長期にわたって運用する機関投資家にとって**企業の持続可能性を判断する材料のひとつ**になっています。世界で3,800以上の組織が国連責任投資原則に賛同し、署名しています（2021年3月末時点）。日本においても、2015年に年金積立金管理運用独立行政法人（GPIF）が署名するなど、**ESG投資という考え方**が広がりつつあります。

国連責任投資原則には、**6つの原則**があります。以下がその概要です。

6つの原則	1. 投資分析と意思決定のプロセスにESGの視点を組み入れる 2. 株式の所有方針と所有監修にESGの視点を組み入れる 3. 投資対象に対し、ESGに関する情報開示を求める 4. 資産運用業界において本原則が広まるよう、働きかけを行う 5. 本原則の実施効果を高めるために協働する 6. 本原則に関する活動状況や進捗状況を報告する

出所：経済産業省ホームページ「PRI（国連責任投資原則）」

ODA（政府開発援助）による開発途上地域への開発協力

Point

- 開発途上国を直接支援する二国間援助と、国際機関をとおして行う多国間援助がある
- SDGsの達成に向けて、ODAは重要な役割を担っている

ODA（Official Development Assistance：**政府開発援助**）とは、**開発途上地域の開発を主な目的**として、先進国の政府や政府機関が資金拠出や技術協力などをすることです。

ODAには、大きく分けて「**二国間援助**」と「**多国間援助**」という支援方法があります。開発途上国を直接支援することを「二国間援助」、国際機関に資金を拠出することで間接的に支援することを「多国間援助」と言います。例えば、開発途上国における貧困や飢餓の解決のために食糧問題に関わる国連食糧計画（WFP）や国連食糧農業機関（FAO）に資金を拠出するのが「多国間援助」です。

SDGsの17の目標は人類と地球全体の課題ですが、実際には、貧困や飢餓、健康と福祉、教育、女性や子供に関する問題、さまざまな格差、気候変動による影響、紛争など、**ほとんどが開発途上地域においてより深刻**になっています。これらの解決に向けて、先進国によるODAは重要な役割を担っています。

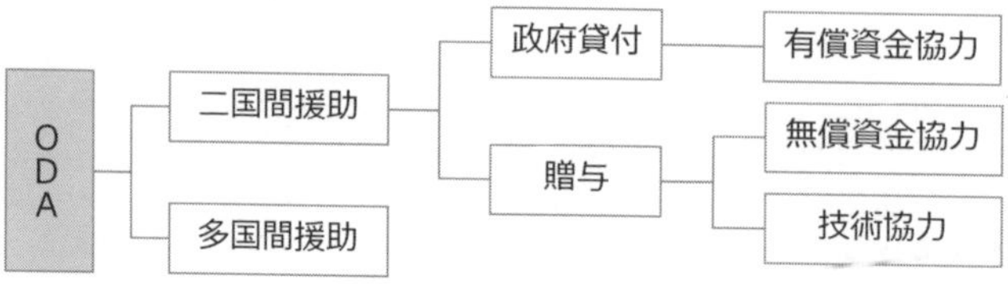

Work 05 世界各国の連携について調べてみよう

SDGs達成に向けた世界各国の連携について概要を解説しましたが、興味を持った条約や取り決めなどはありましたか？あなたが興味を持っているテーマ（例：貧困や飢餓、気候変動対策や環境保全、ジェンダー平等など）に関する世界各国の連携について、最新情報を検索して、**Worksheet 05**を使って理解を深めましょう。

- あなたが興味を持っているテーマは、どういう機関がリードしていますか？
- あなたが興味を持っているテーマは、現在どういう取り決めに基づき、どういう目標を掲げて進められていますか？
- それらの取り決めや目標に対して、世界各国の参加状況はどうですか？
- 調べてみて感じたこと、考えたことをまとめましょう。

Worksheet 05（ダウンロードしてご使用ください）

Worksheet 05　世界各国の連携について調べてみよう	
興味を持っているテーマ	そのテーマに関する取り組みをリードしている機関（国連、その他の団体など）
そのテーマに関する条約や取り決め　その主な目標	その条約や取り決めに対する世界各国の参加状況
まとめ　調べてみて感じたこと、考えたことをまとめましょう	

Work 06 世界各国の先進的な取り組みを調べてみよう

SDGs達成に向けた世界各国の達成度ランキングを紹介しましたが、興味を持った国はありましたか？あなたが興味を持っているテーマについてスコアが高い国を調べるなど、世界各国の先進的な取り組みの最新情報を検索して、**Worksheet 06**を使って理解を深めましょう。

- あなたが興味を持っているテーマについて、先進的な国がありますか？
- その国では、どのような取り組みをしていますか？
- 調べてみて感じたこと、考えたことをまとめましょう。

Worksheet 06（ダウンロードしてご使用ください）

Worksheet 06　世界各国の先進的な取り組みを調べてみよう

興味を持っているテーマ	そのテーマに関して先進的な国

そのテーマについて先進的な国での取り組み事例

1	2	3	4

まとめ	調べてみて感じたこと、考えたことをまとめましょう

第4章 日本のアクションを知ろう

SDGsの達成に向けて日本はどう取り組んでいるの？

世界各国のアクションについて学んだリョウとナオは、日本の取り組みを詳しく知りたくなったようです。

ナオ　「世界各国が、色々な取り決めをしてアクションを起こしているのね」

リョウ　「SDGsに限らず、ずっと前から連携しようと努力しているんだなぁ」

父　「そう。とても難しいことだけど、話し合いの場を持たなければ何も始まらないし、少しずつでも合意を取りながら前に進もうとしているんだ」

ナオ　「**国や地域によって状況が違う**しね」

リョウ　「そうだよね。それは想像できる…気候も、文化も、政治や経済も」

ナオ　「産業や技術、教育も、状況が違うよね」

リョウ　「**同じような問題を抱えていてもレベル感が違う**っていうのもあるかも」

母　「うーん、例えば？」

リョウ　「最近、報道番組で日本の子供の貧困について見たんだ。開発途上地域の貧困とはレベル感が違うのかもしれないけど、日本にも深刻な貧困問題があるんだなって思った」

父　「SDGsは世界共通の課題と目指す姿を示しているけど、**具体的なアクションは各国の状況を踏まえて進めることが尊重されている**んだよ」

ナオ　「日本の総合ランクは上位のほうだけど、実際どうなのかな」

リョウ　「どういう活動をしているのか、調べてみようか」

基礎知識チェック

皆さんはSDGs達成に向けた「**日本のアクション**」を知っていますか？　新多家の家族が話し合っているように、SDGsは各国の状況に合わせて進められています。

「**日本のアクション**」について基礎知識をチェックしましょう。

Q1	日本のSDGs推進本部の本部長は誰ですか？
Q2	日本のSDGs推進本部の副本部長は誰ですか？
Q3	SDGs推進円卓会議とは何ですか？
Q4	日本の実施指針で「人間：People」に関する２つの優先課題は何ですか？
Q5	同じく、「繁栄：Prosperity」に関する２つの優先課題は何ですか？
Q6	同じく、「地球：Planet」に関する２つの優先課題は何ですか？
Q7	同じく、「平和：Peace」に関する優先課題は何ですか？
Q8	同じく、「パートナーシップ:Partnership」に関する優先課題は何ですか？
Q9	SDGs未来都市とは何ですか？
Q10	ジャパンSDGsアワードとは何ですか？

いかがでしたか？

日本国内においては、日本政府がリーダーシップを発揮して実施方針やアクションプランを定めて、関係する官公庁や地方公共団体、企業、さまざまな団体、国民一人ひとりの協力によって目標を達成しようとしています。第４章では、前半は**日本の実施指針やアクションプラン**について、後半は**日本国内の主な課題への取り組み**について解説します。基礎知識チェックで答えられない項目、自信がない項目があったら、第４章を読んで確認しましょう。

第４章　こんな疑問にお答えします

- 日本では、どういう体制で推進されているの？
- 日本の実施指針の大きな柱って何だろう？
- 日本のアクションプランってどうなっているの？
- 日本国内の主な課題への取り組みはどうなっているの？

日本にとってなぜSDGsが重要なのか

Point

- **SDGsが目指す世界に対して、日本国内でも問題が山積み！**
- **グローバル化によって、世界で起きている問題は私たちの生活に直結する**

SDGsが目指す世界の実現が人類や地球にとって重要であることは、誰もが理解できるでしょう。したがって、日本が**国際社会の一員としての責任**からSDGsに取り組むのは当然ですが、単に国際協力のためというわけではありません。日本国内、地球規模、両方で起きているさまざまな問題への対応は、**日本を持続可能にするために重要な活動**です。

日本国内では、**日本の経済・社会・環境の持続可能性を危うくする多くの問題**が起きています。例えば、かねてより問題としてあがっている少子高齢化は、残念ながら世界各国のなかでもトップレベルのスピードで進んでいます。国立社会保障・人口問題研究所「日本の将来推計人口（2017年推計）」によると、2040年には高齢化率35.3%、働き手の中心を担う20～64歳の人口が全体の50%近くまで減少すると推計されています。働き手が少なくなれば経済が回らなくなり、経済が衰退すると社会保障制度など日本社会を支えるしくみにお金が回らなくなり、働き手の減少に拍車がかかるという負のサイクルに入って、日本全体の持続可能性が損なわれるのです。

一方、**グローバル化**の進展によって、**世界で起きている問題は私たちの生活に直結**するようになりました。多くの問題が一国にとどまらず、国境を越えて世界に影響を与えます。COVID-19のパンデミックもその一例です。国際社会の平和と安定が、日本社会の持続可能性と直結しているということです。

日本政府のこれまでの取り組み

Point

- **2030アジェンダの採択を受けて、SDGs推進本部とSDGs推進円卓会議を設置**
- **日本政府としてSDGs実施指針とアクションプランを策定**
- **国連ハイレベル政治フォーラムにて自発的国家レビューを発表**

日本政府は、2015年の国連総会で2030アジェンダが採択されたのを受けて、SDGsの達成に取り組むための実施体制として**SDGs推進本部**と**SDGs推進円卓会議**を設置し、日本独自の**SDGs実施指針**と**アクションプラン**を策定しました。アクションプランは、最初に作成された「SDGsアクションプラン2018」以降、見直しを重ねながら推進しています。

日本のこれまでの取り組み状況は、SDSNと独ベルテルスマン財団の「SDG Index and Dashboards Report」（2016～2018）や「Sustainable Development Report」（2019～）によって評価が公表されていますが、独自のレビューとして「**自発的国家レビュー**」も過去2回実施し、国連ハイレベル政治フォーラムにて発表しています。これまでの主な活動は以下のとおりです。

2016年	**5月**	**SDGs推進本部設置**（第1回会合） G7伊勢志摩サミット　伊勢志摩にて開催「G7伊勢志摩首脳宣言」
	9月	**SDGs推進円卓会議設置**
	12月	**SDGs実施指針策定**（第2回会合）
2017年	**6月**	**ジャパンSDGsアワード創設**（第3回会合）
	7月	国連ハイレベル政治フォーラムにて**自発的国家レビュー発表**
	12月	**SDGsアクションプラン2018**決定 第1回ジャパンSDGs アワード表彰（第4回会合）
2018年	**6月**	**拡大版SDGsアクションプラン2018**決定 **SDGs未来都市選定**（第5回会合）
	12月	**SDGsアクションプラン2019**決定 第2回ジャパンSDGs アワード表彰（第6回会合）
2019年	**6月**	**拡大版SDGsアクションプラン2019決定**（第7回会合） G20大阪サミット　大阪市にて開催「G20大阪首脳宣言」
	8月	第7回アフリカ開発会議（TICAD7）横浜市にて開催「横浜宣言2019」
	9月	SDGサミット
	12月	**SDGs実施指針改定、SDGsアクションプラン2020**決定 第3回ジャパンSDGsアワード表彰（第8回会合）
2020年	**12月**	**SDGsアクションプラン2021**決定 第4回ジャパンSDGs アワード表彰（第9回会合）
2021年	**7月**	国連ハイレベル政治フォーラムにて**自発的国家レビュー発表**

出所：外務省「持続可能な開発目標達成に向けて日本が果たす役割」（令和3年8月）に基づき作成

日本のSDGs推進体制

▶ Point

- **内閣総理大臣が本部長を務める「SDGs推進本部」が全体をリード**
- **官民パートナーシップによって推進するために「SDGs推進円卓会議」を設置**

日本におけるSDGs推進体制は、内閣に設置された「**SDGs推進本部**」と「**SDGs推進円卓会議**」が中心となっています。SDGs推進本部は、内閣総理大臣が本部長、官房長官と外務大臣が副本部長という体制で、他のすべての国務大臣がメンバーです。全府省庁をあげて取り組む体制となっています。SDGs推進円卓会議は、官民パートナーシップを強化して推進するために、NGO、NPO、有識者、民間セクター、国際機関、各種団体などをメンバーとして設置されました。

2016年12月に決定された「**SDGs実施指針**」は、SDGs推進のための中長期戦略としてSDGs推進円卓会議での意見交換などを踏まえて策定されたものです。

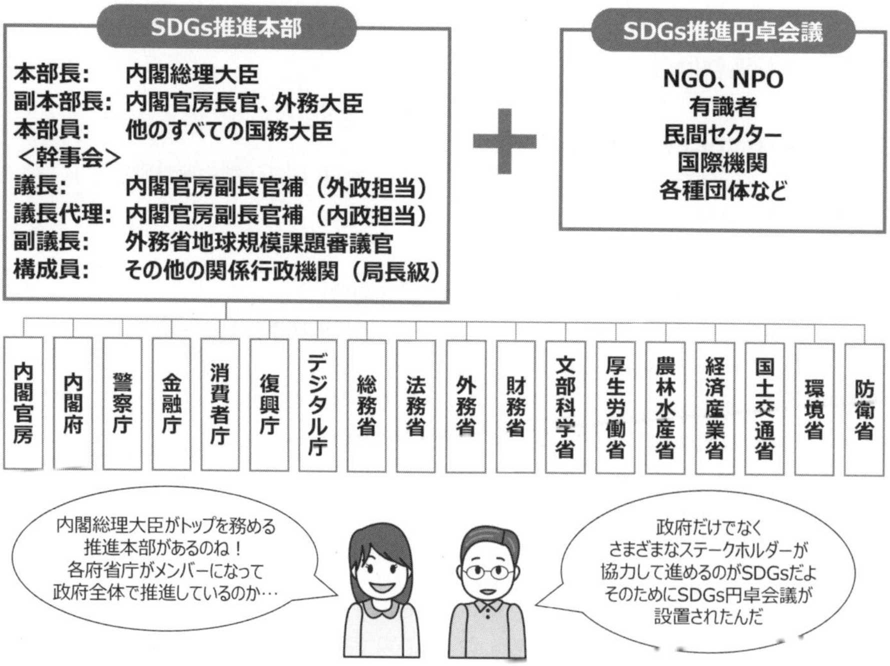

SDGs実施指針が示す
8つの優先課題

Point

- **2030アジェンダにある5つのPに対応するかたちで8つの優先課題を決定**
- **SDGsの目標とターゲットのうち、日本として特に注力すべきものを抽出**
- **国内実施はもちろん、国際協力の面からも重点的に取り組む課題を挙げている**

日本政府は、**SDGs実施指針**のなかで**8つの優先課題**を挙げています。SDGsの17の目標169のターゲットはすべて重要な課題ですが、日本の状況に合わせて**特に優先的に注力するもの**を決めており、SDGs実施指針に基づき策定されたアクションプランもこの8つの課題を柱としています。

8つの優先課題は、**2030アジェンダに掲げられている5つのPに対応**するかたちで整理されているのが特徴です。**日本国内における課題解決**に取り組むのはもちろんですが、**国際協力**の面からも重点的に取り組むとしています。日本国内では比較的達成度が高い課題もなかにはありますが、開発途上地域などへの積極的な支援を行い、国際社会の一員として、先進国の一員として、責任を果たそうとするものです。

5つのP	2030アジェンダでの定義	SDGs実施指針における 8つの優先課題
人間 People	貧困と飢餓をなくし、すべての人間が尊厳と平等の下に、健康な環境の下に、能力を発揮できるようにする	1. あらゆる人々が活躍する社会・ジェンダー平等の実現 2. 健康・長寿の達成
繁栄 Prosperity	すべての人間が豊かで満たされた生活を享受できるようにする 経済的・社会的・技術的な進歩と、自然との調和を図る	3. 成長市場の創出、地域活性化、科学技術イノベーション 4. 持続可能で強靱な国土と質の高いインフラの整備
地球 Planet	持続可能な消費と生産、天然資源の管理、気候変動に対する具体的かつスピーディな対応などにより、地球を破壊から守る	5. 省・再生可能エネルギー、防災・気候変動対策、循環型社会 6. 生物多様性、森林、海洋等の環境の保全
平和 Peace	恐怖や暴力に脅かされることなく、平和的、公正かつ包摂的な社会を実現する	7. 平和と安全・安心社会の実現
パートナーシップ Partnership	全ての国、全てのステークホルダー、全ての人の参加によるグローバル・パートナーシップによって、この行動計画を実現する	8. SDGs 実施推進の体制と手段

出所：SDGs推進本部「SDGs 実施指針改定版」（令和元年12月20日一部改定）に基づき作成

chapter 4

SDGs実施指針が示す主なステークホルダーとその役割

Point

- **SDGs推進は、広範なステークホルダーの連携が不可欠**
- **SDGs実施指針では、主なステークホルダーの役割や課題を示している**

SDGs実施指針では、**広範なステークホルダーとの連携**を重視しています。政府が課題解決をリードする一方で、**各ステークホルダーも主体的に行動する**ことが期待されています。SDGs実施指針で示されているステークホルダーとその主な役割は以下のとおりです。

ステークホルダー	主な役割
ビジネス	それぞれの企業が**経営戦略のなかにSDGsを据え、個々の事業戦略に落とし込む**ことで、持続的な企業成長を図る。ジェンダー平等、女性のエンパワーメントのために包摂的かつ公正な労働市場を促進する。
ファイナンス	SDGs達成に向けた取り組みを様々な手法で**経済活動のなかに組み込む。ESG金融**の推進、それに伴う企業の積極的な情報開示の促進、投資家等による開示情報の適切な活用などを進める。
市民社会	現場で厳しい状況に直面している人々や最も取り残されている人々、取り残されがちな人々の声を拾い上げ、**政府・地方自治体へと声を届ける。**
消費者	環境に対する負荷が低く循環型経済への移行に役立つという観点で選ぶなど、**持続可能な消費活動**を主体的に行う。
新しい公共	従来の行政機関ではなく、**地域の住民やNPO等**が、教育や子育て、まちづくり、防犯・防災、医療・福祉、消費者保護など**身近な課題の解決**を主体的に行う。
労働組合	**適正な職場環境・労働条件**の確保、**ディーセントワーク**の実現や持続可能な経済社会の構築に取り組む。
次世代	**2030年やその後の社会の創り手**としてSDGsを主体的に推進し、多様な人々と協働しながら行動し、国内外に対して提言・発信する。
教育機関	地域や世界の諸課題を自分ごととして考え課題解決を図る**人材の育成**に寄与し、SDGs17の目標すべての達成の基盤を作る。
研究機関	**学術研究や科学技術イノベーション**により、SDGs達成に貢献する。目標設定や達成状況の分析などに必要な**科学的根拠の提供**や、**議論**において貢献する。
地方自治体	地方自治体内の推進体制を整備して主体的に取り組み、**SDGsを原動力とした地方創生**を推進する。各地域の優良事例を国内外に発信する。
議会	広く日本全国から国民の声を拾い、**国や地方自治体の政策に反映**させる。

出所：SDGs推進本部「SDGs 実施指針改定版」（令和元年12月20日一部改定）に基づき作成

SDGs実施指針に基づくアクションプランの方向性

Point

- **ビジネスとイノベーション、地方創生と環境保全、包摂的社会実現の3つが主軸**
- **アクションプラン2021では、コロナ禍を受けて感染症対策と次なる備えを追加**

SDGs実施指針に基づくアクションプランは、最初に策定された「アクションプラン2018」以降、毎年見直しながら推進してきました。「アクションプラン2020」と「アクションプラン2021」の概要を見ると、**ビジネスとイノベーション**（経済、産業、技術面でのSDGs推進）、**地方創生と環境保全**、女性活躍や教育推進、人づくりの一環としてのユニバーサル・ヘルス・カバレッジなど**包摂的社会の実現**、という3つが主軸である点は大きく変わっていません。

「アクションプラン2020」の3本柱と主なキーワード

Ⅰ. ビジネスとイノベーション ～SDGsと連動する 「Society 5.0」の推進～	**＜ビジネス＞** 企業経営へのSDGsの取り込み、**ESG投資**推進、「Connected Industries」の推進、中小企業SDGs推進関係団体・地域、金融機関との連携強化 **＜イノベーション＞** SDGs達成のための科学技術イノベーション（STI for SDGs）推進、バイオ戦略、**スマート農林水産業**推進、「**Society5.0**」を支えるICT分野の研究開発、AI、ビッグデータの活用
Ⅱ. SDGsを原動力とした地方創生、強靭かつ環境に優しい魅力的なまちづくり	**＜地方創生の推進＞** **SDGs未来都市**、**地方創生SDGs官民連携プラットフォーム**を通じた民間参画の促進、地方創生SDGs国際フォーラムを通じた普及展開、地方創生SDGs金融推進 **＜強靭なまちづくり＞** 防災・減災、国土強靭化の推進、エネルギーインフラ強化やグリーンインフラの推進、質の高いインフラ推進 **＜循環共生型社会の構築＞** 「**大阪ブルー・オーシャン・ビジョン**」実現に向けた海洋プラスチックごみ対策の推進、地域循環共生圏づくりの促進、「パリ協定長期成長戦略」推進
Ⅲ. SDGsの担い手としての次世代・女性のエンパワーメント	**＜次世代・女性のエンパワーメント＞** 働き方改革、**あらゆる分野での女性活躍推進**、ダイバーシティ、バリアフリー、「次世代のSDGs推進プラットフォーム」 **＜「人づくり」の中核としての保健、教育＞** スポーツSDGs推進、**持続可能な開発のための教育（ESD）**推進、ユニバーサル・ヘルス・カバレッジ（**UHC**）推進、東京栄養サミット2020開催、食育推進

出所：SDGs推進本部「SDGsアクションプラン2020」（令和元年12月）に基づき作成

「**アクションプラン2020**」は、国連のSDGサミットで宣言された「**行動の10年**」を受けて、日本においても2030年までの10年を「**行動の10年**」と位置付けて、2020年の実施計画を具体化したものです。その矢先、COVID-19の世界的なパンデミックが起こり、日本もコロナ禍によって計画変更せざるを得ない点が多くありました。

「**アクションプラン2021**」では、コロナ禍によって**感染症対策が1つ目の柱**になり、国民の命を守る体制の確保など、健康と福祉に関する施策が最優先課題となっているのが特徴です。他の3つの柱についても、急速に必要性を増している**デジタルトランスフォーメーション（DX）**のさらなる推進、**テレワーク**などの働き方改革、**子供の貧困**対策、**教育のデジタル・リモート化**など、コロナ禍の影響が色濃く出ています。従来から抱えている問題が深刻化したり顕在化した部分も多く、危機感を持って活動を加速することが求められています。

「アクションプラン2021」の4本柱と主なキーワード

Ⅰ. **感染症対策と次なる危機への備え**	●**感染症対応能力**強化（治療・ワクチン・診断の開発など） ●次なる危機に備え、ユニバーサル・ヘルス・カバレッジ（UHC）推進、**国民の命を守る体制**確保 ●感染症に強い環境整備、食育や栄養政策の推進
Ⅱ. **よりよい復興に向けたビジネスとイノベーションを通じた成長戦略**	●**Society5.0**推進、**デジタルトランスフォーメーション（DX）**推進、「新たな日常」の定着・加速 ●**ESG投資**推進、**企業経営へのSDGs取り込み**促進、**テレワーク**などの働き方改革、ディーセントワーク実現、ワーク・ライフ・バランス実現 ●バイオ戦略、**スマート農林水産業**推進、科学技術イノベーション加速（**STI for SDGs**）、生産性向上を通じた経済成長実現
Ⅲ. **SDGsを原動力とした地方創生、経済と環境の好循環の創出**	●2050年までに温室効果ガス排出を実質ゼロとする「**カーボンニュートラル**」への挑戦、世界のグリーン産業牽引、防災・減災、国土強靭化、質の高いインフラ推進継続 ●「**大阪ブルー・オーシャン・ビジョン**」実現に向けた海洋プラスチックごみ対策 ●**SDGs未来都市**、**地方創生SDGs官民連携プラットフォーム**、**地方創生SDGs金融**などを通じた地方創生推進
Ⅳ. **一人ひとりの可能性の発揮と絆の強化を通じた行動の加速**	●**あらゆる分野での女性参画**、ダイバーシティ、バリアフリー、人への投資による十分なセーフティネット提供、全ての人が能力を伸ばし発揮できる包摂的社会の実現 ●**子供の貧困**対策、**教育のデジタル・リモート化**推進、持続可能な開発のための教育（**ESD**）推進、次世代へのSDGs浸透 ●スポーツSDGs推進、地球規模の課題解決への国際社会におけるリーダーシップ発揮

出所：SDGs推進本部「SDGsアクションプラン2021」（令和2年12月）に基づき作成

SDGs実施指針優先課題への具体的なアクション項目

Point

- **SDGs実施指針優先課題8分野に対する具体的なアクション項目をさらに具体化**
- **17の目標と同様に8分野のアクション項目は不可分、関連しながら進めていく**

SDGs推進本部によるアクションプランでは、その年の柱となるテーマをいくつか決めて方向性を示すとともに、**SDGs実施指針の8つの優先課題**に対応するかたちでもアクション項目を分類して説明しています。なお、便宜上分類していますが、SDGsの17の目標や169のターゲットが互いに深く関連して不可分であるのと同様に、8つの優先課題も明確に分けられるものではなく、同時に推進しながら達成を目指しています。

以下は「**アクションプラン2021**」に挙げられている具体的な取り組み例（抜粋）です。4本の柱で示されているキーワードと重複しますが、8つの優先課題の切り口で分類して具体化されていますので確認しましょう。

8つの優先課題に対する取り組み例

8つの優先課題	具体的な取り組み例
1. あらゆる人々が活躍する社会・ジェンダー平等の実現	●**ジェンダーの主流化**、**女性活躍推進**、ダイバーシティ、バリアフリーの推進、働き方改革 ●貧困・格差解消に資する社会保障制度、**子供の貧困対策** ●次世代の教育振興、あらゆる人々の**教育機会の確保** ●国内外におけるSDGsの達成を担う人材育成強化（ESD） ●消費者等に関する対応 ●若者・子供、女性、障がい者に対する国際協力
2. 健康・長寿の達成	●新型コロナウイルス感染症危機に対する取り組み ●**データヘルス改革**の推進、国内の**健康経営**の推進 ●感染症対策等医療の研究開発 ●**ユニバーサル・ヘルス・カバレッジ**（UHC）推進のための国際協力、アジア・アフリカにおける取組、医療産業の輸出を通じた新興国の医療への貢献
3. 成長市場の創出、地域活性化、科学技術イノベーション	●未来志向の社会づくり ●SDGs達成のための科学技術イノベーション（STI for SDGs） ●地方創生や未来志向の社会づくりを支える基盤・技術・制度、地方の技術・基盤強化、**地方創生SDGs**推進 ●持続可能な観光の推進 ●農山漁村を含む地域の活性化、農林水産業・食品産業の成長産業化やイノベーション、**スマート農林水産業**の推進
4. 持続可能で強靭な国土と質の高いインフラの整備	●持続可能で強靭なまちづくり ●文化資源の保護・活用、世界の強靭化に向けた国際貢献 ●質の高いインフラの海外展開

8つの優先課題	具体的な取り組み例
5. 省・再生可能エネルギー、防災・気候変動対策、循環型社会	●**再エネ・新エネ**等の導入促進、循環型社会の貢献、徹底した省エネの推進、**気候変動対策** ●**持続可能な生産・消費**の促進、**食品廃棄物・食品ロス**の削減や活用
6. 生物多様性、森林、海洋等の環境の保全	●海洋保全・**海洋プラスチックゴミ対策** ●北極域・南極域の研究推進（急激な環境変化が人間社会に与える影響の研究・評価など） ●生物多様性・森林保全、大気保全、化学物質規制・対策
7. 平和と安全・安心社会の実現	●**子どもの安全、女性に対するあらゆる暴力の根絶** ●再犯防止対策・法務の充実 ●公益通報者保護制度の整備・運用 ●法の支配の促進に関する国際協力 ●自由で開かれたインド太平洋の推進、積極的平和主義、中東地域・アフリカ地域の平和と安全など
8. SDGs実施推進の体制と手段	●広報・啓発の推進（「**ジャパンSDGsアワード**の実施等） ●市民社会等との連携（NGOによる開発協力事業実施等） ●モニタリング（SDGグローバル指標の整備等） ●環境・社会・ガバナンス（ESG）投資の推進等 ●SDGs達成に向けた資金調達（休眠預金の活用促進等） ●途上国のSDGs達成に貢献する企業の支援 ●アフリカ開発会議（TICAD）、日メコン協力等による国際社会との連携

出所：SDGs推進本部「SDGsアクションプラン2021」（令和2年12月）に基づき作成

SDSNと独ベルテルスマン財団による「**Sustainable Development Report 2021**」での日本の評価をみると、**教育**（Goal4）、**イノベーション**（Goal9）、**平和**（Goal16）は達成度合いが高いとされていますが、**ジェンダー**（Goal5）が低く、**生産・消費**（Goal12）、**実施手段**（Goal17）も今一歩です。**気候変動**（Goal13）、**海洋資源**（Goal14）、**陸上資源**（Goal15）といった環境保全に関する評価も高くありません。日本政府は、8つの優先課題に広範なステークホルダーとともに取り組むことで、これらの解決を総合的に進めようとしています。

Work 07 日本のランクと評価を調べてみよう

SDGs推進本部によるSDGs実施指針とアクションプランの概要について解説しましたが、現在の日本のランクと評価はどうなっていますか？「Sustainable Development Report」の最新情報を検索して、**Worksheet 07**を使って理解を深めましょう。

- 現在の日本のランクは何位ですか？
- 目標別の評価はどうなっていますか？　評価が高い項目、低い項目は何ですか？
- 調べてみて感じたこと、考えたことをまとめましょう。

Worksheet 07（ダウンロードしてご使用ください）

Worksheet 07　日本のランクと評価を調べてみよう

日本のランク・スコア・17の目標の達成度評価（「Sustainable Development Report」の最新情報）

ランク [　　]位 スコア [　　]	AVERAGE PERFORMANCE BY SDG	SDG DASHBOARDS AND TRENDS

評価が高い項目	評価が低い項目	前進している項目	停滞・後退している項目

まとめ	調べてみて感じたこと、考えたことをまとめましょう

Work 08 最新のアクションプランを調べてみよう

アクションプラン2021について紹介しましたが、最新のアクションプランはどうなっていますか？最新情報を検索して、**Worksheet 08**を使って理解を深めましょう。

- 最新のアクションプランでは、主な柱として何を上げていますか？
- 最新のアクションプランでは、8つの優先課題に対してどのようなアクションを行っていますか？
- 調べてみて感じたこと、考えたことをまとめましょう。

Worksheet 08（ダウンロードしてご使用ください）

Worksheet 08	日本の最新のアクションプランを調べてみよう	
	アクションプラン［　　　］（年）の主な柱	
	8つの優先課題に対する主なアクション	
1	あらゆる人々が活躍する社会・ジェンダー平等の実現	
2	健康・長寿の達成	
3	成長市場の創出、地域活性化、科学技術イノベーション	
4	持続可能で強靭な国土と質の高いインフラの整備	
5	省・再生可能エネルギー、防災・気候変動対策、循環型社会	
6	生物多様性、森林、海洋等の環境の保全	
7	平和と安全・安心社会の実現	
8	SDGs 実施推進の体制と手段	
まとめ	調べてみて感じたこと、考えたことをまとめましょう	

ジェンダー平等と女性活躍

Point

- **ジェンダー・ギャップ指数の総合順位は、156カ国中120位！**
- **政治や経済における女性参画の遅れが目立つ**
- **「女性活躍・男女共同参画加速の重点方針2021」で取り組みの加速を目指す**

日本のジェンダー平等や女性活躍の遅れは、かねてより国際社会のなかで問題視されていますが、2021年時点でも大きな改善は見られません。2021年3月に世界経済フォーラムによって発表された**ジェンダー・ギャップ指数**の総合順位は、**156カ国中120位**という状況です。ジェンダー・ギャップ指数を項目別にみると、「**政治参画**」**147位**、「**経済参画**」**117位**、「教育」92位、「健康」66位です。教育と健康は他国もスコアが高いので順位こそ振るいませんが、世界トップレベルに達しています。問題は、政治参画と経済参画です。

この状況に対して、日本政府は2020年12月閣議決定「**第5次男女共同参画基本計画**」に続き、2021年6月策定「**女性活躍・男女共同参画加速の重点方針2021**」によって取り組みの加速を目指しています。ジェンダー平等に関しては女性活躍以外にも、年齢、国籍、性的指向・性自認（性同一性）に関することなど課題は多く、多様な人々が活躍できる社会が望まれます。

日本において男女共同参画が進まない要因

＜政治＞
立候補や議員活動と家庭生活の両立が困難
女性の候補者や政治家を育成する機会不足
女性の候補者や政治家へのハラスメントの存在
＜経済＞
女性の採用から管理職・役員へと任用していく流れの構築・定着が不十分
＜社会＞
固定的な性別役割分担意識
無意識の思い込み（アンコンシャス・バイアス）

日本のジェンダー・ギャップ指数

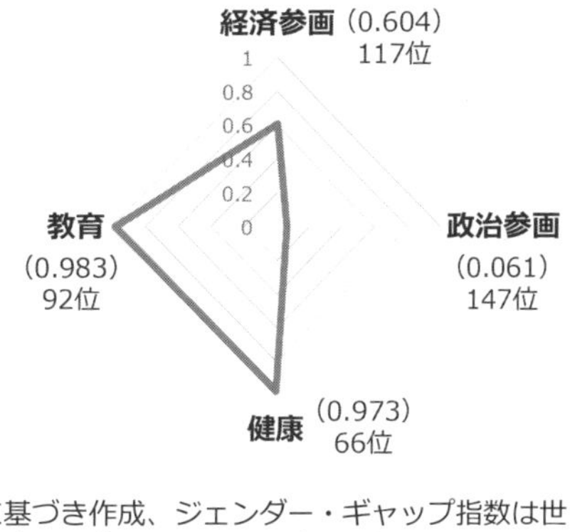

出所：SDGs推進本部「自発的国家レビュー2021」に基づき作成、ジェンダー・ギャップ指数は世界経済フォーラム「グローバル・ジェンダー・ギャップ報告書」に基づき作成
補足：ジェンダー・ギャップ指数とは、男性に対する女性の割合（女性の数値/男性の数値）を示しており、0が完全不平等、1が完全平等。

地域社会とともに進める子供の貧困対策

Point

- 「子供の貧困対策に関する大綱」によって子供とその保護者への支援を強化
- 居場所がない、十分な食事がとれない子供への支援は、地域社会でも拡大中
- 子供の貧困に対する国民の理解不足も…！　啓発活動を強化

日本における**子供の貧困率**は、2012年の16.3%から2018年には13.5%まで改善しましたが、13.5%は決して低くなく、7～8人に一人が貧困ということです。また、2020年以降コロナ禍の影響が色濃く影を落としており、今後の状況を注意深く見る必要があります。

日本政府は、「**子供の貧困対策に関する大綱**」に沿って子供の貧困問題に取り組んでおり、大きく分けると、**教育支援**、**生活支援**、**保護者の就労支援**、**経済的支援**があります。これらの活動に貢献しているのが「子供食堂」を始めとする**地域住民などによる民間発の活動**です。政策が届きにくいところに対して、具体的かつ現実的な支援が広がっています。

日本国内における**子供の貧困への理解**が、一般に進んでいない点も課題です。貧困の現状を知らなかったり、貧困は家庭の自己責任という考え方が根強いことなどに対して、行政、学校、保健福祉などが連携して啓発に努めています。

子供の貧困対策　分野別取り組み概要

分野	具体的な取り組み例
教育支援	●学校を地域に開かれたプラットフォームと位置付ける（スクールソーシャルワーカーやスクールカウンセラーが機能する体制作り、子育てに悩みや不安を抱える保護者への支援など） ●高校進学後の支援の強化や教育費負担の軽減
生活支援	●親の妊娠・出産期から社会的孤立を防止する対策推進（居場所づくり、生活保護、生活困窮者自立支援など） ●「子育て安心プラン」に基づく待機児童解消による保育の確保
保護者の就労支援	●職業生活の安定と向上のために、所得の増大、仕事と両立して安心して子供を育てられる環境づくりを推進（働き方改革の推進、長時間労働是正、同一労働同一賃金など）
経済的支援	●様々な支援を組み合わせてその効果を高める（金銭面の支援だけでなく現物給付など） ●必要な世帯へ支援の利用促進（地方公共団体内での連携による経済的困窮家庭の把握など）
国民全体への啓発活動	●子供の貧困に対する社会の理解を促進、国民運動として官公民の連携・協働を積極推進

出所：「子供の貧困対策に関する大綱」（令和元年11月29日閣議決定）に基づき作成

産学官連携で進める人材育成

Point

- **幼児期から高等学校まで切れ目ない教育費負担軽減で教育格差を減らす**
- **リカレント教育、キャリア形成支援など、産学官連携で生涯教育を推進**
- **「持続可能な社会の創り手」を育むESD教育を新学習指導要領で展開**

人材育成は、SDGs達成のすべての基盤となる重要な取り組みです。**あらゆる人々が希望する質の高い教育を受けられる**ようにして、**次世代を担う人材を育成**することが持続可能な社会の実現につながるからです。日本の教育（Goal4）の達成度は高いほうですが、次世代の教育振興、あらゆる人々の教育機会の確保、幼児期から高等学校まで一貫した教育費軽減などに取り組んでいます。

人生100年時代と言われる今、**生涯を通じて活躍し続けられる**ように、社会人教育も重要な課題です。例えば、出産や育児などでいったん離職した女性が再び社会参加できるように、リカレント教育（学び直し）やキャリア形成支援にも力を入れています。これらの施策は、政府がしくみや制度を作るだけでなく、大学などの教育機関が教育の担い手として協力したり、企業が多様な人材の活躍の場を作るなど、**産学官の連携**が欠かせません。

ESD教育（Education for Sustainable Development）は、新学習指導要領に組み込まれました。小学校から学ぶことで「**持続可能な社会の担い手**」を育みます。

次世代の教育振興

- 新学習指導要領
- GIGAスクール構想の実現（学校のICT環境充実、教員など人材育成）
- 地域ICT クラブの普及促進（デジタル活用共生社会推進事業）
- 食育、金融経済教育、安全教育など

あらゆる人々の教育機会の確保

- 特別なニーズに対応した教育の推進（障がいのある子供への柔軟な対応等）
- 外国人児童生徒等への教育充実
- 外国人への日本語教育
- 夜間中学の設置促進・充実
- 女性の学び直しやキャリア形成支援

SDGs 達成を担う人材育成の強化

- 持続可能な開発のための教育（ESD）
- 国内のユネスコ活動拠点ネットワークの戦略的整備と支援
- 国連ボランティア（UNV）を通じた支援
- 次世代のSDGs 推進プラットフォーム
- スポーツSDGs の推進

幼児期から高等学校までの負担軽減

- 幼児教育・保育の無償化
- 要保護児童生徒の保護者に対する就学援助の充実
- 高等学校等就学支援金・高校生等奨学給付金の充実
- 高等学校（大学など）の修学支援

データヘルス改革と健康経営の推進

Point

- **健康・医療・介護などに関わるデータをつないで有効活用を目指す**
- **従業員の健康を経営課題と捉える「健康経営」**

日本は、かねてより**国民皆保険制度**が導入されており、**ユニバーサル・ヘルス・カバレッジ（UHC）**の実現が進んでいることから、国際社会のUHC推進に向けてリーダーシップを発揮しています。しかし、国内においては国民の健康と福祉に関わる問題はまだ多く残されており、現在力を入れているテーマとして**データヘルス改革**と**健康経営の推進**があります。

データヘルス改革とは、現在、一元化できていない健康・医療・介護などに関連する各種データを整理し、必要な情報を確実に収集・分析できるようにして、患者、国民、利用者目線で有効活用できる体制とシステム構築を目指すものです。2017年1月厚生労働大臣が本部長を務める「**データヘルス改革推進本部**」が設置され、4つのワーキンググループが立ち上げられました。現在、2025年までのロードマップを引いて、自身の保健医療情報を閲覧できるしくみの整備や、医療・介護分野での情報利活用推進、ゲノム医療の推進などに取り組んでいます。

健康経営の推進は、**国民の健康寿命延伸**の重点施策であり、企業における働き方改革の一環として、官民連携で進められています。**健康経営**とは、従業員の健康を経営課題として捉えて、その維持・増進に取り組むことです。**従業員の健康が企業の生産性向上に大きく影響する経営課題**であるという理解を促進するために、「**健康経営銘柄**」や、「**健康経営優良法人認定制度**」といった顕彰制度も行われています。

出所：厚生労働省「データヘルス改革推進本部について」（2019年1月12日）に基づき作成

Society5.0と
スマートシティ構想

Point

- **Society5.0とは、情報社会（Society4.0）に続く新たな社会を指す**
- **経済発展と社会課題解決の両立を目指すSociety5.0は、SDGsが目指す社会と合致**
- **Society5.0の先行的な実現の場として、全国各地でスマートシティを推進中**

Society5.0とは、狩猟社会（Society 1.0）、農耕社会（Society 2.0）、工業社会（Society 3.0）、情報社会（Society 4.0）に続く、新たな社会です。「**サイバー空間（仮想空間）とフィジカル空間（現実空間）を高度に融合させたシステムにより、経済発展と社会的課題の解決を両立する、人間中心の社会（Society）**」（内閣府ホームページより）とされています。

経済発展と社会的課題の解決の両立とは、まさにSDGsが目指す姿です。日本政府は、IoT、ロボット、人工知能（AI）、ビッグデータといった先端技術をあらゆる産業や社会生活に取り入れることで、格差を是正したり、多様なニーズにきめ細かい対応ができるようにするなど、最適化された社会システムを実現しようとしています。

そうした**Sosiety5.0の先行的な実現の場**として進められているのが「**スマートシティ**」です。「ICT等の新技術を活用しつつ、マネジメント（計画、整備、管理・運営等）の高度化により、都市や地域の抱える諸課題の解決を行い、また新たな価値を創出し続ける、持続可能な都市や地域であり、Society 5.0の先行的な実現の場」（内閣府ホームページより）と定義されています。2021年4月には、内閣府・総務省・経済産業省・国土交通省が合同で、スマートシティに取り組む地方公共団体、公民連携の協議会等を支援するために「**スマートシティ・ガイドブック**」（第１版）が作成されました。今後、各地での新しいまちづくりへのチャレンジが期待されています。

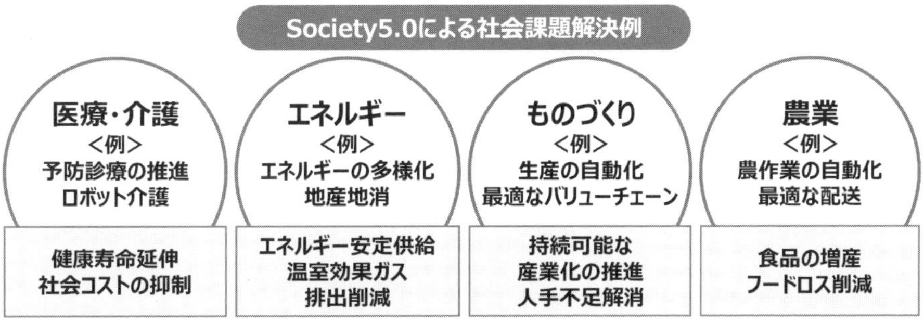

出所：内閣府ホームページ「Society5.0」に基づき作成

農林水産業を変える！イノベーションの挑戦

Point

- **農林水産業でも、ICT、ロボット、AIなど先端技術を活用するSociety5.0を目指す**
- **作業を自動化したり、情報共有やデータ活用によるイノベーションを起こす**

農林水産業は、地方の過疎化問題とも関連して担い手の減少や高齢化が進んでおり、労働力不足が深刻になっている分野です。自動化が進んでいる部分がある一方で、人手に頼る作業や熟練者の経験や勘が必要な作業も多いのが現状です。

そうした農林水産業の課題を解決し、活性化を図るために期待されているのが、ICT、ロボット、AIなど先端技術を活用する動き、つまり**農林水産業におけるSociety5.0の実現**です。「**スマート農業**」「**スマート林業**」「**スマート水産業**」として各地で実証実験が行われており、多くの成功事例を生み出しつつあります。

例えば、**スマート農業**では、ロボットやICT活用によって**作業を自動化**したり、情報共有やデータ活用によって**熟練者のノウハウを可視化して共有**したり、衛星やドローンを使った気象データなどの**AI解析結果に基づく農業経営**など、さまざまな効果が期待されています。農林水産省では、スマート農業を全国に広めていくために2019年度から「**スマート農業実証プロジェクト**」を行っています。2019年度69件、2020年度79件（うち24件は緊急経済対策）、2021年度もこれまで34件が採択されました（農林水産省「スマート農業の展開について」2021年9月より）。

農林水産業が先端技術によって省力化・高度化し、**少ない労働力で多くの利益を生む産業として成立**していれば、「やってみよう」と思う若者が増えるかもしれません。例えば、農業が活性化すれば、質の高い食品を適正な価格で安定して供給できるようになり、国民の生活の安定にもつながるでしょう。スマート農業は、大いに期待されている分野です。スマート林業、スマート水産業でも同様のことが起こっています。

カーボンニュートラルに向けた経済と環境の好循環の実現

Point

- **2021年4月、2030年度に2013年度比で温室効果ガス46%削減を宣言して推進中**
- **環境と経済の好循環により2050年カーボンニュートラルを目指す**

日本は、2020年10月、菅内閣総理大臣の所信表明において「**2050年までにカーボンニュートラルの実現を目指す**」との宣言を行い、2021年4月の米国主催気候サミットにおいて、温室効果ガスの排出量を**2030年度に2013年度比で46%削減**を目指すとしました。カーボンニュートラルとは、人為的な排出量から、森林などによる吸収量を差し引いて、合計を実質的にゼロにするという意味です。つまり、経済活動や日常生活による**排出量を減らす**とともに、植林や森林管理などによる**吸収量を増やす**取り組みが必要です。これに向けて、日本では、カーボンリサイクルや水素社会の実現などの新たな挑戦や、脱炭素化ものづくりなど産業界との連携、カーボンニュートラルな都市づくり「ゼロカーボンシティ」といった地域連携など、さまざまな取り組みが進められています。2021年6月には「地域脱炭素ロードマップ ～地方からはじまる、次の時代への移行戦略～」を決定し、全国津々浦々に脱炭素の活動を広げて行く「**脱炭素ドミノ**」を推進中です。

カーボンニュートラルへの挑戦を通じて目指すのは、**経済と環境の好循環**です。SDGsアクションプラン2021では、「**温暖化への対応は経済成長の制約ではなく**、積極的に温暖化対策を行うことが、産業構造や経済社会の変革をもたらし、**大きな成長につながる**という発想の転換が必要」としています。例えば、環境・社会・ガバナンスを重視した経営を行う企業へ積極的に投資する「**ESG投資**」の推進は、投資家はもちろん企業側の意識を変える施策のひとつです。また、排出量に応じて企業などに課税したり、排出量に価格を付けて売り買いするといった「**カーボンプライシング**」（炭素の価格付け）も、意識改革を加速する手段として期待されています。

事業者と家庭で取り組む食品ロス半減

Point

- **日本では食べられるのに捨てられる食品ロスが2018年度推計値で600万トン**
- **事業系と家庭系がほぼ半々であるため、双方の取り組みが必要！**
- **2030年度までに2000年度比で食品ロス半減を目標に活動中**

世界では開発途上国を中心に飢餓が深刻な問題となっている一方、日本では食べられる食品が廃棄される「**食品ロス**」が大量に発生しています。

これに対して、2019年10月「**食品ロスの削減の推進に関する法律**」施行、2020年3月「**食品ロスの削減の推進に関する基本的な方針**」が閣議決定され、2030年度までに**2000年度比で食品ロス量を半減**させるという目標が設定されました。

食品ロスは大きく分けて事業系と家庭系があり、2018年度で見ると事業系54%、家庭系46%とほぼ半々です。食品ロス半減の目標を達成するには、**事業者と家庭（消費者）**の双方が主体的に取り組む必要があります。

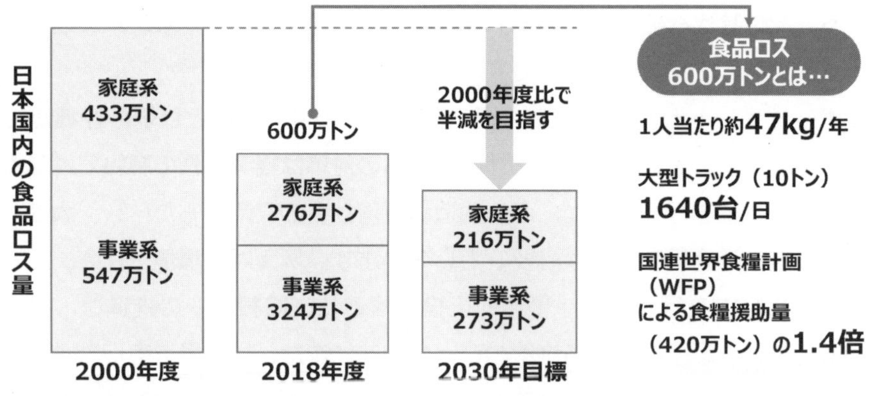

事業者向け削減策例

- 小売店舗での納品期限の緩和
- 賞味期限　年月日→年月表示検討
- 賞味期限の延長検討
- 「フードバンク」活用促進の働きかけ
- 飲食店などにおける「食べきり」や食べ残しの「持ち帰り」
- 食品事業者の店舗などにおける消費者への食品ロス削減啓発活動

消費者向け削減策例

- 消費期限、賞味期限の正しい意味の理解促進
- 使用時期を考慮した食品の選び方
- 家庭にある食材をムダなく使い切る工夫に関する情報提供
- 外食時のおいしい食べきり行動促進

出所：SDGs推進本部「自発的国家レビュー2021」に基づき作成

大阪ブルー・オーシャン・ビジョンと海洋プラスチックごみ対策

Point

- **G20に大阪ブルー・オーシャン・ビジョンを提案し、リーダーシップを発揮**
- **マリーン（MARINE）・イニシアティブによって途上国支援を積極的に行う**
- **生態系に悪影響を及ぼす恐れがあるマイクロプラスチック削減も重要課題！**

2019年6月のG20大阪サミットにおいて、日本は2050年までに海洋プラスチックごみによる追加的な汚染をゼロにまで削減することを目指す「**大阪ブルー・オーシャン・ビジョン**」を提案し、首脳間で共有されました。また、そのビジョンの実現に向けて、日本は途上国の廃棄物管理に関する支援を行うために「**マリーン（MARINE）・イニシアティブ**」の立上げを宣言し、国際協力にも積極的に取り組んでいます。

海洋プラスチックごみには、陸地から海へと流出するペットボトルなどの容器・包装、海に放棄された漁具（網やかごなど）の他、それらが波や紫外線の影響で細かくなったもの、洗濯などで発生した合成繊維のくず、洗顔料や歯磨き粉にスクラブ剤として使われているプラスチックの粒子、農業の肥料に含まれる微細なカプセルなどの**マイクロプラスチック**があります。一般に**5mm以下の微細なプラスチック**をマイクロプラスチックと総称しますが、製造過程や漂流中に化学物質が吸着して有害物質が含まれていることがあり、魚がそれを食べるなどして食物連鎖のなかに取り込まれ、**生態系に悪影響を与えることが懸念**されています。

日本では、環境省による「**プラスチック・スマート**」など、プラスチックごみ削減活動に積極的に取り組んでおり、企業の好事例共有など啓発活動も強化しています。

大阪ブルー・オーシャン・ビジョン

2050年までに海洋プラスチックごみによる追加的な汚染をゼロにまで削減することを目指す

マリーン（MARINE）・イニシアティブ

日本は、途上国の廃棄物管理に関する支援のために**マリーン・イニシアティブ**立上げ

① 廃棄物管理（Management of Waste）
② 海洋ごみの回収（Recovery）
③ イノベーション（Innovation）推進
④ 能力強化（Empowerment）支援

マイクロプラスチック対策例

＜発生抑制＞

- **繊維くずが出にくい合成繊維の開発**
- **化粧品用代替素材の開発（プラスチック→セルロース）**

＜流出抑制・回収＞

- **繊維くずを流出させにくい洗濯ネットの開発**
- **発生したマイクロプラスチックの流出を防ぐろ過装置の開発**

Work 09 日本の取り組み状況を調べてみよう

アクションプランのなかから主要な取り組みをピックアップして紹介しましたが、興味のある分野がありましたか？　８つの優先課題のなかで特に興味がある分野について、具体的な取り組み状況の最新情報を検索して、**Worksheet 09**を使って理解を深めましょう。

- ８つの優先課題のなかで、特に興味があるのは何ですか？
- その課題に対するアクションプランになかで、特に興味がある施策は何ですか？
- その施策の実施状況、現時点での成果はどうなっていますか？
- 現状の問題と今後の進め方はどうなっていますか？
- 調べてみて感じたこと、考えたことをまとめましょう。

Worksheet 09（ダウンロードしてご使用ください）

<table>
<tr><th colspan="6">Worksheet 09　日本の取り組み状況を調べてみよう</th></tr>
<tr><th colspan="3">最も興味を持った優先課題</th><th colspan="3">その課題に対するアクションプランのなかで興味がある施策</th></tr>
<tr><td colspan="3"></td><td colspan="3"></td></tr>
<tr><th colspan="2">その施策の実施状況</th><th colspan="2">成果（できたこと）</th><th colspan="2">現状の問題（できていないこと）と今後の進め方</th></tr>
<tr><td colspan="2"></td><td colspan="2"></td><td colspan="2"></td></tr>
<tr><td colspan="6">まとめ　調べてみて感じたこと、考えたことをまとめましょう</td></tr>
</table>

地方創生SDGsで目指す持続可能なまちづくり

Point

- **地方の人口減少や産業の衰退の解決に向けて、SDGsを原動力にする**
- **「SDGs未来都市」「自治体SDGsモデル事業」として全国に成功事例を展開中**
- **「地方創生SDGs官民連携プラットフォーム」やSDGs金融で産業活性化を狙う**

日本は、少子高齢化とともに進む地方の人口減少や産業の衰退を解決するために、SDGs以前から**地方創生**に取り組んできました。そうしたなか、2020年12月に閣議決定された第2期「**まち・ひと・しごと創生総合戦略**」では、**SDGsを原動力とした地方創生の推進**を改めて示し、地域資源・産業を活かした競争力の強化を進めたり、地方への人の流れを作るなど、地域の活性化を目指しています。

「**地方創生SDGsの実現などの持続可能なまちづくり**」の目標として掲げているのは、SDGsの達成に向けた取組を行っている都道府県及び市区町村の割合を、39.7%（2020年度）から2024年度に60%まで引き上げることです。政府は、**各地域の自主的・主体的な取り組み**を後押しするために、地方創生SDG sの達成に向けて優れたSDGsの取り組みを提案する地方自治体を「**SDGs未来都市**」「**自治体SDGsモデル事業**」に選定して成功事例の普及に努めたり、「**地方創生SDGs官民連携プラットフォーム**」を通じた官民連携マッチングの推進、**地方創生SDGs金融**の推進などを行っています。

地方創生SDGsの実現などの持続可能なまちづくり

SDGsの理念を踏まえた地方創生を推進し、さまざまな地域課題を解決し、持続可能なまちづくりを進める
目標：SDGsの達成に向けた取組を行っている都道府県及び市区町村の割合
2024年度　60%（2020年度　39.7%）

① 地方創生SDGsの普及促進活動の展開
② 地方公共団体によるSDGs達成のためのモデル事例の形成
「**SDGs未来都市**」「**自治体SDGsモデル事業**」の選定
目標：SDGs未来都市選定数：**累計210都市**
③「**地方創生SDGs官民連携プラットフォーム**」を通じた民間参画の促進
目標：官民連携マッチング件数：**累計1,000件**
④ **地方創生SDGs金融**の推進
目標：地方創生SDGs金融に取組む地方公共団体：**累計100団体**

出所：内閣地方創生推進室「地方創生に向けたSDG sの推進について」（2021年2月）に基づき作成

Work 10 SDGs未来都市について調べてみよう

SDGs未来都市に選定された地方公共団体は全国にあります。あなたの出身地、生育地、その他興味がある地域の取り組み状況はいかがでしょうか？　興味がある地域について、SDGs未来都市の最新情報を検索して、**Worksheet 10**を使って理解を深めましょう。

- 興味がある地域のSDGs未来都市を探しましょう。
- その地方公共団体では、どのような取り組みをしていますか？
- その取り組みの成果、残された課題、今後の進め方はどうなっていますか？
- 調べてみて感じたこと、考えたことをまとめましょう。

Worksheet 10（ダウンロードしてご使用ください）

Worksheet 10　SDGs未来都市について調べてみよう

興味を持った「SDGs未来都市」	興味を持った理由

主な取り組み内容	成果・残された課題・今後の進め方など

まとめ	調べてみて感じたこと、考えたことをまとめましょう

ジャパンSDGsアワード

Point

- **SDGs推進本部が2017年度に創設した表彰制度**
- **日本に拠点がある企業や団体を対象に年１回実施**

ジャパンSDGsアワードは、SDGs達成に向けた企業・団体等の取り組みを促進し、全国に広げていくために2017年に創設された表彰制度です。SDGs達成に貢献する優れた活動を行っている企業・団体等を、**SDGs推進本部**として表彰するもので、NGO・NPO、有識者、民間セクター、国際機関等の広範な関係者が集まる**SDGs推進円卓会議**のメンバーによる選考委員会の意見を踏まえて決定されます。

対象は、日本に拠点のある企業、NPO/NGO、地方公共団体、学術機関、各種団体等で、毎年最も優れた１案件を総理大臣による「**SDGs推進本部長表彰**」、その他の４案件程度を官房長官・外務大臣による「**副本部長表彰**」、さらに、特筆すべき功績があったと認められる場合に「**特別賞**」を付与しています。第５回ジャパンSDGsアワードの表彰基準では、以下の評価項目について４段階（A:極めて顕著な功績有、B:特に顕著な功績有、C：顕著な功績有、D：顕著な功績無）の基準で評価するとされています。

第５回ジャパンSDGsアワードの表彰基準　評価項目

項目	概要
普遍性	① 国際社会においても幅広くロールモデルとなり得る取組であるか ② 国内における取組である場合，国際目標達成に向けた努力としての側面を有しているか ③ 国際協力に関する取組である場合，我が国自身の繁栄を支えるものであるか
包摂性	①「誰一人取り残さない」の理念に則って取り組んでいるか ② 多様性という視点が活動に含まれているか ③ ジェンダーの主流化の視点が活動に含まれているか
参画型	① 脆弱な立場におかれた人々を対象として取り込んでいるか ② 自らが当事者となって主体的に参加しているか ③ 様々なステークホルダーを巻き込んでいるか
統合性	① 経済・社会・環境の分野における関連課題との相互関連性・相乗効果を重視しているか ② 統合的解決の視点を持って取り組んでいるか ③ 異なる優先課題を有機的に連動させているか
透明性と説明責任	① 自社・団体の取組を定期的に評価しているか ② 自社・団体の取組を公表しているか ③ 公表された評価の結果を踏まえ自社・団体の取組を修正しているか

出所：SDGs推進本部「令和３年度「ジャパンSDGsアワード」の具体的実施方法について」

Work 11 ジャパンSDGsアワードについて調べてみよう

ジャパンSDGsアワードについて解説しましたが、過去にどういう企業や団体が受賞しているでしょうか？　ジャパンSDGsアワード受賞企業の情報を検索して、**Worksheet 11**を使って理解を深めましょう。

- 過去に受賞した企業や団体のなかで興味を持った企業や団体は何ですか？（複数可）
- その企業や団体は、どのような活動をしていますか？
- 調べてみて感じたこと、考えたことをまとめましょう。

Worksheet 11（ダウンロードしてご使用ください）

Worksheet 11　ジャパンSDGsアワードについて調べてみよう	
興味を持った受賞企業や団体名	受賞した賞（本部長表彰・副本部長表彰・特別賞）・授賞理由・主な活動内容
	➡
	➡
	➡
	➡
	➡
まとめ	調べてみて感じたこと、考えたことをまとめましょう

第5章 企業における アクションを考えよう

企業はどのように SDGsに取り組んでいるんだろう？

SDGsについて色々調べている新多家ですが、母さんは会社でSDGsに取り組んでいます。

父　「母さんの会社は、以前からSDGsに積極的だよね」

ナオ　「へえ！　ほんと～？」

母　「社長がとても積極的で始めたけど、今は社員にも浸透してきたかな」

リョウ　「どういうことをしているの？」

母　「そうねぇ。大きなことから小さなことまで色々よ。SDGs達成に向けて**私たちの事業をとおして何ができるか考えたり、社員の働き方を見直す**など、みんなで協力しながら取り組んでいるの」

リョウ　「節電とか、リサイクルとか？」

母　「もちろんそれもあるけど、それだけではないわ。何よりも、**事業のなかで社会課題解決に取り組んで、ちゃんと儲かるしくみにする**ことが大切なの」

父　「確かに、利益が出ないと続かないね」

リョウ　「SDGs達成に貢献して、さらに儲かるの？」

母　「そうよ。儲かったり、他にもメリットがあったり、**企業にとってうれしいこと**があれば、さらにがんばろうって思えるでしょ？」

ナオ　「でも、それって特別なこと？会社は世の中の役に立つために仕事をして、お金をもらうんじゃないの？」

父　「そうだねぇ。確かにそうなんだけど、実際には利益を優先して環境を破壊したり、人権をないがしろにする企業もあるからなぁ」

ナオ　「ふーん…もっと詳しく知りたいな」

父　「僕も聞きたい！最近では**SDGsに取り組む企業が増えている**し、うちの会社でも参考にしたいよ」

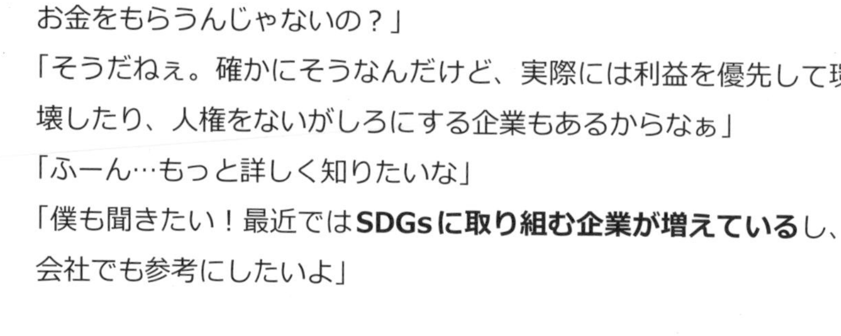

基礎知識チェック

皆さんはSDGs達成に向けた「**企業のアクション**」を知っていますか？　新多家の家族が話し合っているように、SDGsは各国の政府だけでなく、企業においても積極的に進められています。「**企業のアクション**」について基礎知識をチェックしましょう。

Q1	企業がSDGsに取り組むメリットは、何が考えられますか？
Q2	経団連のWebサイト「KeidanrenSDGs」を知っていますか？
Q3	Society5.0 for SDGsとは何ですか？
Q4	国連グローバル・コンパクトとは何ですか？
Q5	国連グローバル・コンパクトが企業に求める原則はいくつありますか？
Q6	SDGsに関連する表彰として、知っているものがありますか？
Q7	SDGsに関連する認証として、知っているものがありますか？
Q8	SDGsウォッシュとは何ですか？

いかがでしたか？

多くの企業が、それぞれの事業をとおしてSDGs達成に貢献しようと取り組んでいます。第5章では、そうした企業のアクションについて解説します。基礎知識チェックで答えられない項目、自信がない項目があったら、第5章を読んで確認しましょう。

第5章　こんな疑問にお答えします

- 企業がSDGsに取り組むメリットって何があるの？
- 単なる社会貢献活動で終わらせないために、どうしたらいいんだろう
- 企業におけるSDGsへの取り組みは、どうやって進めるの？
- もっと大きなイノベーションを起こすには？

企業を取り巻く環境の変化

▶ Point

- **エシカル消費、フェアトレードなど、消費者の意識が高まっている**
- **投資家の投資判断材料、企業の取引先選定の判断材料として重要性が増す**
- **SDGsを学んで育つ子供たちは、就職活動でも企業のSDGsへの姿勢に注目する**

2015年に国連で2030アジェンダが採択され、SDGsが世界各国の共通目標となったことで、企業を取り巻く環境は大きく変化しています。特に、2020年1月にSDGs達成のための「**行動の10年（Decade of Action）**」がスタートしてから、SDGsに関するメディアの情報発信が一段と増加し、企業はもちろん**一般市民のなかでも認知度が向上**してきました。

消費者は、商品やサービスを選ぶときに価格や効能だけでなく、「**エシカル消費**」や「**フェアトレード**」といった新たな視点を持ちつつあります。エシカル消費とは、**人・社会・地域・環境に配慮した消費行動**のことで、材料や生産過程、そこに関わる人々など、さまざまな面からエシカル（道徳的、倫理的）であるかを考慮するものです。フェアトレードは、開発途上国が生産する原料を適正な価格で購入するなど、弱い立場にある国々を守る**公正・公平な貿易**を意味しています。商品に使われている材料がどう生産・調達されているかなどにも、消費者が注目するようになっているのです。

エシカル消費への意識の高まりによって消費者の商品・サービスの選び方が変わる

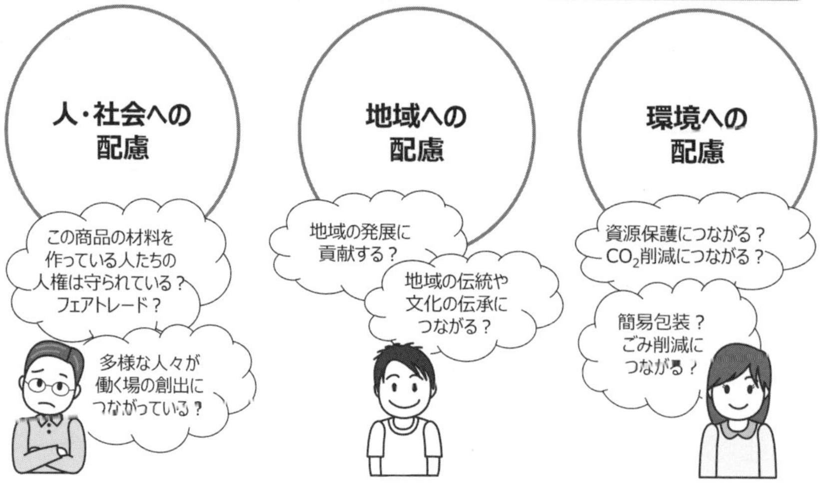

投資家は、**ESG投資の拡大**によって企業のSDGsへの取り組み状況を**投資判断材料**に加えるようになっています。SDGsに積極的に取り組む企業は、将来に向けて持続可能性が高いと評価され、投資対象になり得るということです。

さらに、企業や団体の間でも、**取引先を選ぶときの判断材料**になる可能性があります。特に大企業においては、**サプライチェーン全体でのSDGsへの取り組み**を進めているケースが増えており、そこに関わるサプライヤー、運輸業者、ITベンダーなどさまざまな**取引先にも協力を求める**可能性があります。それに応えられる企業は、社会課題解決の一端を担うとともに**新たなビジネスチャンスを掴める**可能性があります。

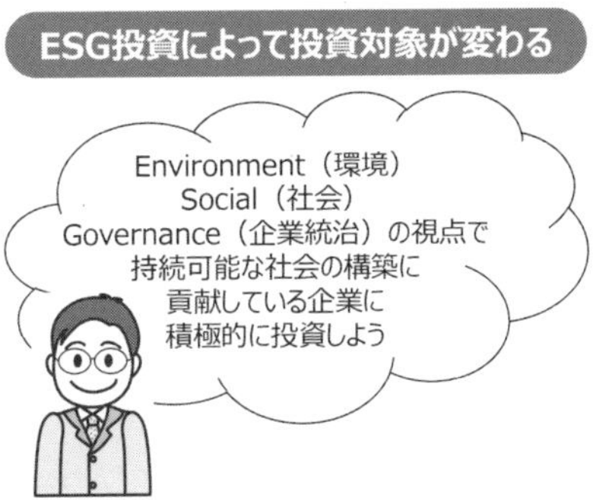

教育の場でも変化が起きています。現代の子供たちや若い世代は、小中学校、高等学校、大学などの授業で学んだり、メディアからの情報発信を受けてSDGsへの意識が高まっています。既に、**大学生の就職活動での企業選びの重要な視点**になっていますが、今後、小学校から教育を受けている人々が社会に出るころには、ますます厳しい目で企業活動を評価するでしょう。このように、企業にとってSDGsへの取り組みは、社会課題解決への貢献とともに、**自社の持続可能性に大いに影響がある重要な経営課題**と言えます。

企業がSDGsに取り組むメリット

▶ Point

- **企業を取り巻く環境の変化に対応しよう！**
- **社会課題解決への真摯な取り組みは、社内外からの信頼につながる**
- **生存戦略はもちろん、新たなビジネスチャンスを得るきっかけにもなる**

企業を取り巻く環境が変化しているなか、SDGsへの取り組みは重要な経営課題であるとともに、チャンスとも考えられます。

SDGsの達成に向けて企業が行う真摯な取り組みは、社内外からの信頼につながり、**企業イメージの向上**が期待できます。活動をとおして**社会課題を解決**できれば、社会に貢献する企業としてますます信頼を獲得するでしょう。

企業のメリットは、イメージアップや信頼獲得だけではありません。SDGsへの対応がビジネスにおける取引条件になる可能性もあり、積極的な取り組みが他社との差別化ポイントになれば**企業の生存戦略**になります。また、取り組みをきっかけに、**新たな事業機会の創出**につながることも期待できます。

SDGs の活用によって広がる可能性

企業イメージの向上

SDGsへの取組をアピールすることで、多くの人に「この会社は信用できる」、「この会社で働いてみたい」という印象を与え、より、多様性に富んだ人材確保にもつながるなど、企業にとってプラスの効果をもたらします。

社会の課題への対応

SDGs には社会が抱えているさまざまな課題が網羅されていて、今の社会が必要としていることが詰まっています。
これらの課題への対応は、経営リスクの回避とともに社会への貢献や地域での信頼獲得にもつながります。

生存戦略になる

取引先のニーズの変化や新興国の台頭など、企業の生存競争はますます激しくなっています。今後は、SDGsへの対応がビジネスにおける取引条件になる可能性もあり、持続可能な経営を行う戦略として活用できます。

新たな事業機会の創出

取組をきっかけに、地域との連携、新しい取引先や事業パートナーの獲得、新たな事業の創出など、今までになかったイノベーションやパートナーシップを生むことにつながります。

出所：環境省「持続可能な開発目標（SDGs）活用ガイド　第２版」（令和２年３月）

社会課題解決と経済合理性を両立させる

Point

- **投資に見合った利益が継続的に得られるしくみを作ることが大切！**
- **経済合理性がないからあきらめていたことに挑戦してイノベーションを起こそう**

持続可能な世界の実現に向けて社会課題解決に取り組むのは大切なことですが、**利益を生まない資金援助や寄付**だったら、それは**企業にとってコスト**です。もちろん、社会貢献活動として予算を確保する体力がある企業は、コストを負担できるでしょう。しかし、それでは予算規模は限られて拡大していくのが難しく、いつまで続けられるかも不安定です。企業が積極的に取り組めるようにするには、**社会課題解決と経済合理性の両立**が必要です。投資に見合った利益を継続的に得ることができて、**ビジネスとして成り立つしくみ**を作ることが大切なのです。先駆者となる企業がしくみを作って儲かることがわかれば、参入する企業が増えて規模が拡大していく可能性もあります。

経済合理性を考えるときに気を付けたいのは、**これまで儲からないと判断されていたところにも目を向ける**ことです。社会には、経済合理性が見い出せないことから見過ごされてきた課題が山ほどあります。SDGsは、そうした課題に挑戦するきっかけになります。新しい技術、新しいビジネスモデル、新しいパートナーシップによって、今まで無理だと思っていたことを実現する**イノベーションを起こせる可能性**があるのです。

経団連が推進する Society5.0 for SDGs

Point

- 経団連が中心となって「Society5.0 for SDGs」への企業の取り組みを推進
- 経団連が制定した「企業行動憲章」もSDGsの視点を入れて改定

一般社団法人 日本経済団体連合会（経団連）とは、約1,500の日本の代表的な企業や団体などから構成されている総合経済団体です（2021年4月時点）。経済界が直面するさまざまな課題について、経済界の意見を取りまとめたり、政治、行政、労働組合、市民を含む幅広いステークホルダーとの対話を進めるなどして、課題解決にあたっています。

経団連では革新技術を最大限活用することによって経済発展と社会課題解決の両立を目指す「**Society5.0 for SDGs**」を推進しており、Webサイト「**KeidanrenSDGs**」から情報発信するなど普及促進に努めています。**会員企業・団体の取組事例を集めて紹介**しているのもそのひとつです。また、**企業の責任ある行動原則**として経団連が1991年に制定した「**企業行動憲章**」を2017年に一部改定し、**Society 5.0の実現を通じたSDGsの達成**を柱としました。

Society5.0の実現を通じたSDGs達成への貢献例

Goal2（飢餓）	スマート農業により食糧生産を増大。最先端のバイオテクノロジーによるスマートフードで栄養状態改善。
Goal3（保健）	多種多様なモニタリングデータを組み合わせ、感染症予防のための早期警戒システムを開発。
Goal4（教育）	最先端の技術を活用したe-ラーニングシステムを用いて地球上の誰もが高品質の教育を手頃な価格で享受可能にする。
Goal5（ジェンダー）	インターネットを通じた教育や情報へのアクセスにより女性の地位を向上。ICTを活用して女性に起業の機会を提供。
Goal7（エネルギー）	スマートグリッドシステム※1構築による電力需給の最適化。
Goal9（イノベーション）	i-Construction※2により強靭なインフラ構築と持続可能な産業化促進。産業界、学術界、その他のステークホルダーを結びつけることで、グローバルなイノベーションエコシステムを構築。
Goal11（都市）	利便性、安全性、経済性を両立させたスマートな都市を創出。
Goal13（気候変動）	スーパーコンピューターを用いて、気象観測データの解析に基づくシミュレーションにより、気候変動問題を解決。
Goal14（海洋資源） Goal15（陸上資源）	水質、森林、土地劣化、生物多様性などのモニタリングおよびマネジメントに、リモートセンシング・データや、海洋観測データを活用。

※1 電力の流れを供給・需要の両側から制御し、最適化できる送電網。
※2 測量から設計、施工、検査、維持管理に至る全ての事業プロセスでICTを導入することにより建設生産システム全体の生産性向上を目指す取組み。

出所：経団連「Society5.0 for SDGs」に基づき作成

国連グローバル・コンパクト

Point

- **世界の企業・団体に対して、持続可能な世界に向かって責任ある行動を促す**
- **人権、労働、環境、腐敗防止の4分野10原則の順守と実践を要請している**

国連グローバル・コンパクト（**UNGC**：United Nations Global Compact）は、1999年の世界経済フォーラムにおいて提唱されたもので、「各企業・団体が責任ある創造的なリーダーシップを発揮することによって、社会の良き一員として行動し、持続可能な成長を実現するための世界的な枠組み作りに参加する自発的な取り組み」です。UNGCには、**人権**、**労働**、**環境**、**腐敗防止**の**4分野10原則**があり、署名する企業・団体はこの原則に従って持続可能な世界の実現に取り組みます。SDGs経営を目指す企業にとってひとつの指針となるでしょう。

グローバル・コンパクトの4分野10原則

人権	**原則1** **人権擁護の支持と尊重**	企業は、国際的に宣言されている人権の保護を支持、尊重すべきである
	原則2 **人権侵害への非加担**	企業は、自らが人権侵害に加担しないよう確保すべきである
労働	**原則3** **結社の自由と団体交渉権の承認**	企業は、結社の自由と団体交渉の実効的な承認を支持すべきである
	原則4 **強制労働の排除**	企業は、あらゆる形態の強制労働の撤廃を支持すべきである
	原則5 **児童労働の実効的な廃止**	企業は、児童労働の実効的な廃止を支持すべきである
	原則6 **雇用と職業の差別撤廃**	企業は、雇用と職業における差別の撤廃を支持すべきである
環境	**原則7** **環境問題への予防的アプローチ**	企業は、環境上の課題に対する予防原則的アプローチを支持すべきである
	原則8 **環境に対する責任のイニシアティブ**	企業は、環境に関するより大きな責任を率先して引き受けるべきである
	原則9 **環境にやさしい技術の開発と普及**	企業は、環境に優しい技術の開発と普及を奨励すべきである
腐敗防止	**原則10** **強要や贈収賄を含むあらゆる形態の腐敗防止の取組み**	企業は、強要や贈収賄を含むあらゆる形態の腐敗の防止に取り組むべきである

出所：グローバル・コンパクト・ネットワーク・ジャパン「グローバル・コンパクトの10原則」（仮訳）

SDGs経営に取り組む基本ステップ

Point

- **経営者が長期的視点で意思決定して、全社活動として位置づけよう**
- **始めはやりやすいところからでOK！　PDCAを回しながら進化させる**

企業がSDGs経営に取り組みたいと思ったとき、どういうステップで進めたらよいでしょうか？　既に、省エネなどの環境保全活動やCSR活動（Corporate Social Responsibility：企業の社会的責任）に取り組んでいるなど、企業によって状況が違うので一概には言えませんが、ここでは**基本ステップと進め方のヒント**をご紹介します。なお、それぞれのヒントの詳細は次ページ以降で解説していきますので、ここでは全体概要を確認しましょう。

SDGs経営に取り組むことを決定する

SDGs達成に向けた活動は、一部の部門で行えることではなく、全社で取り組むものです。**経営者が長期的視点で取り組む覚悟**を決めて、**企業理念や経営戦略に組み込む**などして、全社を挙げて行う活動として位置づけるとよいでしょう。全社で取り組むと決めたら、推進をリードする主管部門や担当者を決めて、**社内推進体制を立ち上げ**ます。施策によって実行部門は異なるとしても、全体の計画を立てて進捗を管理したり、定期的な評価と計画の見直しを行う事務局が必要だからです。

実施計画を策定する・実行する

社内推進体制を立ち上げたら、まず、中心メンバーで**おおよその方向性を検討**します。もちろん、最初から関係する部門の代表者全員で話し合う方法もありますが、人数が多いと方向性を決めるだけでも一苦労なので、**経営層と主管部門を中心に検討する**とよいです。

おおよその方向性とは、**自社が取り組む重要課題を特定する**ということです。SDGsは17の目標がありますが、**自社の事業との関連を考えて**貢献できそうなところを重点課題に取り上げるとやりやすいでしょう。また、社員の働き方を見直す働き方改革もSDGs達成と密接に関連していますので、**働き方改革との連動**を考えるのもやりやすい方法です。

方向性が決まれば、その内容によって関係する部門も明らかになりますので、関係者を集めて施策を検討します。施策が決まったら、何によって実行度合いを測るのか、**管理指標**を決めて、**目標値**、**納期**、**責任者**などを具体化して計画を策定します。

実施段階の進め方のヒントは、**社内外に説明して理解を促進する**ことです。全社活動として社員の理解は不可欠です。社外のパートナーやお客様にも影響が及ぶ場合がありますので、関係者に「こういう取り組みをしています」という説明が必要な場合もあります。

効果測定する・取り組みの進化を目指して見直す

一定期間（年単位など）活動したら、効果測定します。計画段階で設定した**管理指標によって達成度を評価**して次につなげます。始めはやりやすいところ、できる範囲で始めればよいですが、取り組みを進化させていくヒントはたくさんあります。例えば、事業の一部のプロセスで取り組んでいたものを全体へ広げて**総合的な解決に挑戦**したり、自社だけでなく**自社事業に関わるプレーヤー全体（サプライチェーンなど）での取り組み**を目指したり、**地域との協働**、**産学官連携や複数企業の連携**によるイノベーションなどが考えられます。

ある程度成果が出たり軌道に乗ってきたら、好事例として**社外にも積極的に情報発信**したり、**SDGs関連の認証制度にチャレンジ**するのもよいでしょう。

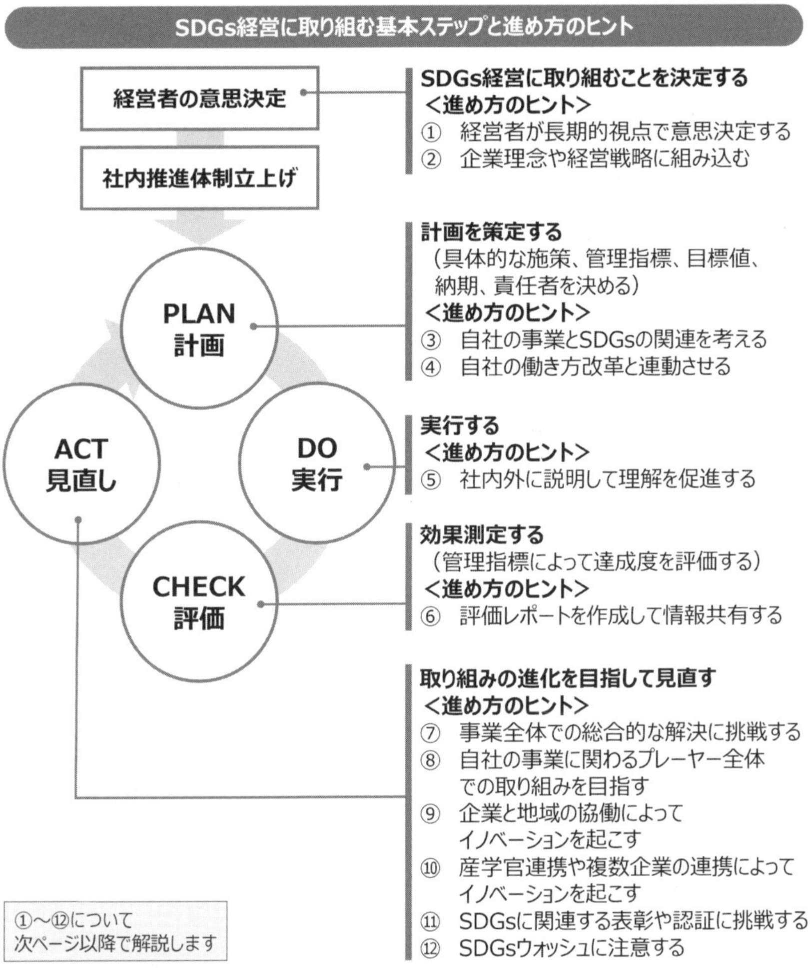

経営者が長期的視点で意思決定する

Point

- **成果が出るまで時間がかかり、さまざまな壁に当たることも想定される**
- **経営者が長期的視点を持って覚悟を決めて全社をリードする**

経済合理性と社会課題解決を両立して、**社会に対する責任を果たすフェアな企業**であることは大変重要です。しかし、それを実現するのは簡単ではないでしょう。事業として成立して利益を生むようになるまで時間やお金がかかったり、社員の意識を変えるのが大変だったり、取引先やお客様に不便をかける場合はなかなか受け入れてもらえなかったり、**さまざまな壁に当たる**ことも想定されます。目に見える成果が出ないうちは、SDGsへの取り組みによるメリットを享受できる実感が持てないかもしれません。

SDGs経営は、**経営者が長期的視点を持って困難を乗り越える覚悟を持つ**ことが必要です。経営者の覚悟が不十分なままスタートすると、成果が出ないうちに投資をやめてしまったり、壁に当たったときにあきらめてしまったり、継続が難しいからです。経営者がぐらついていると社員のモチベーションも上がりません。もちろん、定期的に効果測定して、うまくいかないときは活動内容を見直すことも大切ですが、**経営者が腹を据えて活動を継続**して成果を目指しましょう。

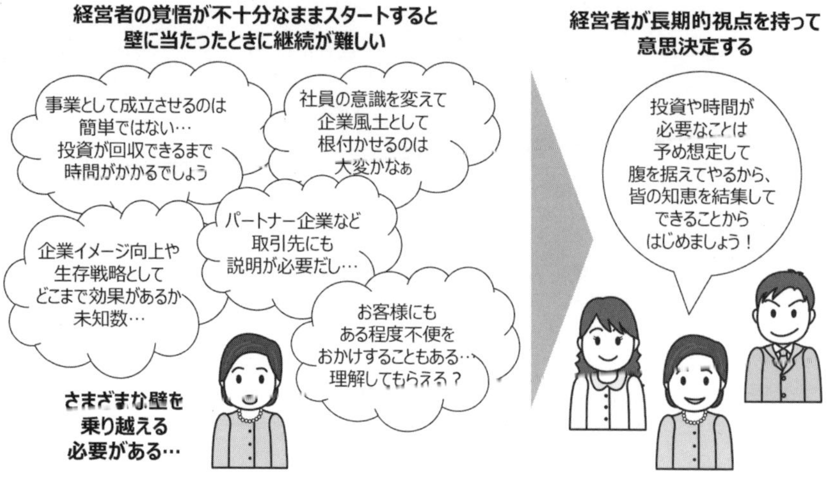

企業理念や経営戦略に組み込む

Point

- **自社の企業理念や経営戦略をSDGsの視点で見直してみよう**
- **足りない点があれば、経営層が中心となって修正を検討する**

SDGs経営に全社で取り組むには、**企業理念や経営戦略にもSDGsの視点を組み込んで展開**します。企業理念は、自社の存在意義を示す最も重要なものです。何のために、何を目指して、自社は事業を展開するのか、**社員の心のよりどころ**となるものです。経営戦略は、企業理念に基づいていかに事業を展開するかという道筋を示すもので、**社員の行動のよりどころ**です。

もともと、日本では**「社会、お客様、自社」三方よしを目指す**という近江商人の理念にもあるように、社会に認められる企業であることを大切にする考え方があります。自社の企業理念や経営戦略を改めて見直すと、既にSDGsの視点とマッチしているところも少なくないでしょう。その場合は修正の必要はありませんが、不足があったり、わかりにくい点があれば、**経営層が中心となって見直し**ましょう。

自社の企業理念や経営戦略をSDGsの視点で見直して、必要に応じて修正する

Work 12 企業理念や経営戦略とSDGsについて考えよう

あなたが所属する企業の企業理念や経営戦略について、SDGsの視点で見直して、**Worksheet 12**を使って理解を深めましょう。

企業に所属していない人は、興味がある企業について調べてみましょう。

- 自社（または興味がある企業）の企業理念や経営戦略はどうなっていますか？
- SDGsの視点でみると、どういうことが言えますか？
  あいまいなこと、不足していること、矛盾していることはありますか？
- 同じ業界の優良企業の企業理念や経営戦略はどうなっていますか？
- 自社（または興味がある企業）と優良企業を比較するとどうですか？
- 調べてみて感じたこと、考えたことをまとめましょう。

Worksheet 12（ダウンロードしてご使用ください）

Worksheet 12 企業理念や経営戦略とSDGsについて考えよう	
自社（または興味がある企業）の企業理念	【比較対象】同じ業界の優良企業の企業理念
自社（または興味がある企業の）の経営戦略	【比較対象】同じ業界の優良企業の経営戦略
SDGsの視点でみたとき言えること	自社（または興味がある企業）と比較したとき言えること
まとめ 調べてみて感じたこと、考えたことをまとめましょう	

自社の事業とSDGsの関連を考える

Point

- **自社の事業と関連が深い目標にフォーカスして取り組むとやりやすい**
- **自社の事業について棚卸して、SDGsとの関連を考えて重要課題を特定する**

SDGs経営に取り組むとき、最初から17の目標すべてに貢献しようと考えるとハードルが上がります。営んでいる事業によって得意分野が異なるので、**自社に事業と関連が深い目標にフォーカスして取り組む**とやりやすいでしょう。そのためには、まず、**自社の事業について棚卸し**て、SDGsとの関連を考えます。事業をとおしてSDGs達成に貢献できることを洗い出したり、逆にSDGs達成を阻害していることがないか検討すると、自社にとっての重要課題がわかります。

例えば、製造業の場合、製品の小型化・軽量化・長寿命化などのイノベーションによって社会全体のエネルギー消費量や廃棄物の削減に貢献できるかもしれません。一方で、生産・製造プロセスなどにおける大量の電力や水の使用、化学物質の排出、大気汚染、周辺の森林や海洋への悪影響など、SDGs達成を阻害しているケースもあります。**貢献できることは積極的に進めて、阻害していることは削減したり解決する**ように、どちらも重点課題として取り上げるとよいでしょう。

事業活動のなかでSDGsへの貢献を考える例を以下にいくつか挙げますが、営んでいる事業によって異なります。**自社にとってやりやすいこと、成果が期待できること**から始めて、徐々に拡大を検討します。

事業活動のなかでSDGsへの貢献を考える例（重複有）

Goal1（貧困） **Goal2（飢餓）**	●フェアトレードへの配慮、フェアトレード認証製品の利用 ●開発途上国などでの生産・製造による働く場の提供、労働環境整備と適正な賃金での雇用 ●材料の調達における開発途上国などの生物多様性への配慮
Goal3（保健）	●化学物質（有害物質含む）使用の可視化・削減 ●大気汚染防止、騒音・振動・悪臭の防止 ●ユニバーサルデザインの取り組み
Goal4（教育）	●場所や時間を柔軟に選べる教育提供（オンラインライブ、オンデマンド、e-Learningなど） ●多様な人々が受講しやすい教育提供（音声ガイド、字幕、多言語対応、配色に関する配慮、文化や宗教に対する配慮など） ●地域の学校教育などへの支援
Goal5（ジェンダー）	●女性活躍推進、性的マイノリティなどへの配慮

Goal6（水・衛生）	●節水、水質汚染防止、排水削減 ●循環システムなどによる水の再利用、雨水利用
Goal7（エネルギー）	●電気使用量の可視化・削減 ●化石燃料使用量の可視化・削減 ●太陽光発電・水力発電などクリーンエネルギー使用促進 ●省エネルギー基準適合製品の使用 ●ハイブリッド車、低燃費車、低排出ガス認定車、電気自動車、天然ガス自動車などの低公害車の使用
Goal8（成長・雇用）	●過重労働防止、労働災害防止、労働環境整備 ●ハラスメント防止、人権侵害防止 ●多様な人材の雇用・活躍推進（障がい者、高齢者など）
Goal9（イノベーション）	●製品の小型化・軽量化（同一機能に対して資源使用量削減） ●製品の長寿命化（使い続けることで資源使用量削減） ●地域連携、産学官連携などによるイノベーション
Goal10（不平等）	●女性活躍推進、性的マイノリティなどへ配慮した労働環境 ●ハラスメント防止、人権侵害防止 ●多様な人材の雇用・活躍推進（障がい者、高齢者など）
Goal11（都市）	●化学物質（有害物質含む）使用の可視化・削減 ●大気汚染防止、騒音・振動・悪臭の防止 ●社屋や工場などの建造物における環境配慮、災害対応 ●災害時に対するBCP（Business continuity plan：事業継続計画）
Goal12（生産・消費）	●廃棄物量の可視化・削減 ●在庫管理の徹底による不良在庫削減 ●オフィスにおける紙の使用量の可視化・削減 ●グリーン購入促進 ●簡易包装の推進、多重包装の見直し
Goal13（気候変動）	●温室効果ガス排出量の可視化・削減 ●ハイブリッド車、低燃費車、低排出ガス認定車、電気自動車、天然ガス自動車などの低公害車の使用
Goal14（海洋資源） **Goal15（陸上資源）**	●調達する原材料について認証品（漁業認証など）の活用 ●生物多様性への配慮、周辺環境への悪影響防止、環境保護
Goal16（平和）	●地域の防犯活動への協力
Goal17（実施手段）	●国際交流の推進（人材交流、技術交流など）

自社の働き方改革と連動させる

Point

- **働き方改革も、SDGs達成に貢献する活動がたくさんある**
- **自社の働き方改革を見直して、SDGsとの関連を考えて重要課題を特定する**

日本における働き方改革が目指すのは、「**働く人々が個々の事情に応じた多様で柔軟な働き方を自分で選択できる社会**」であり、「**一億総活躍社会**」とも言われています。少子高齢化が進む日本が、今後も労働力を確保して経済成長を遂げ、社会保障制度などの社会システムを維持向上していくには、**多様な人材の労働参加が不可欠**だからです。

働き方改革は、誰一人取り残さない持続可能な世界を目指す**SDGsと親和性が高く**、SDGs達成に貢献する活動がたくさんあります。自社の働き方改革で行っている施策を見直して、SDGsとの関連を考えてみるとよいでしょう。以下に、その関連について例を挙げます。

自社の働き方改革との関連を考える例（重複有）

Goal3（保健）	●健康経営への取り組み（健康診断受診率向上、特定保健指導、メンタルヘルス、社員の健康に対する知識向上など） ●社員の健康・安全に配慮した職場環境の整備 ●在宅勤務などのテレワーク活用（移動削減や出社削減による感染症予防など）
Goal4（教育）	●場所や時間を柔軟に選べる教育提供（オンラインライブ、オンデマンド、e-Learningなど） ●多様な人々が受講しやすい教育提供（音声ガイド、字幕、多言語対応、配色に関する配慮、文化や宗教に対する配慮など） ●SDGsへの理解を深める社員教育の展開
Goal5（ジェンダー） **Goal10（不平等）**	●女性活躍推進、性的マイノリティなどへの配慮 ●育児・介護・家族看護などとの両立支援 ●同一労働同一賃金など不当な格差の是正
Goal7（エネルギー） **Goal13（気候変動）**	●長時間労働是正・休暇取得促進（残業削減や長期休暇などによるオフィスの電力消費量削減など） ●節電、節水、オフィスの紙使用量の可視化・削減 ●在宅勤務などのテレワーク活用（出社削減によるオフィスの電力消費量削減など）
Goal8（成長・雇用）	●多様な人材の活躍推進（女性、若者、高齢者、障がい者、性的マイノリティなど） ●多様な雇用形態（正社員、契約社員、派遣社員、パート・アルバイトなど） ●多様な労働時間（フレックスタイム、短時間勤務、シフト制など） ●ワークライフバランスの実現
Goal9（イノベーション）	●業務改革による生産性向上（創出した時間・費用・人材を新規事業へ投入してイノベーションを起こす） ●社員の知的生産性向上や創造性向上に役立つオフィス環境作り

社内外に説明して理解を促進する

▶ Point

- 計画に沿って着実に実行するには、社員の理解と納得が必要！
- 取引先やお客様にも影響があるので、複数の手段で情報発信して理解を求める

企業理念や経営戦略に組み込んで具体的な施策に落とし込んだら、**社内外に説明して理解を促進**します。社内の関係者で実施計画を練り上げても、全社の社員が理解していなかったら実行度が上がりません。現場の管理職がリードして方針展開とともに現場に据え付けて、社員一人ひとりの役割がわかるようにします。**活動の意義、目的を理解してもらう**ことが重要です。

パートナー企業など取引先や、お客様にも影響がある場合、社外への説明も必要です。特に、**何らかの不便が生じたり、協力してもらうことがあるなら、あらかじめ説明**しておきましょう。例えば、プラスチックごみ削減策としてレジ袋を有料化したり、プラスチックスプーンやフォーク、ストローなどの材質を変えたり、有料化したり、提供をやめるなど、さまざまな取り組みがありますが、法規制に先駆けて独自に行う施策は、お客様の反応も色々でしょう。どういう考えで行うのか、取引先やお客様に**確実に伝わるように複数の手段を使って説明**します。

評価レポートを作成して情報共有する

▶ Point

- あらかじめ設定した管理指標によって効果測定する
- 評価レポートとしてまとめて社内外に情報共有する
- 経営者の思い、定量効果、定性効果をわかりやすくまとめよう

計画を立てて一定期間（年単位など）実行したら、**効果測定して評価レポートを作成**します。主な目的はもちろん達成度の評価ですが、評価レポートとしてまとめて社内外に情報共有することで、**活動への理解促進や活動加速**に役立ちます。定量効果だけでなく、経営者の思いや定性効果も含めて、**目的や活動の実態が具体的に伝わるレポート**にしましょう。

社員に対して評価レポートを共有して説明すると、**社員の理解を促進**してさらなる活動への**モチベーションアップ**につながります。進捗状況を具体的に知ることで「自分たちの活動が、こういう成果につながったのか」「この部分はがんばっているつもりだったけど、まだまだなんだな」など、理解が深まったり、客観的に捉えられたり、自分事として考えられるようになるでしょう。

社外に評価レポートを公開すると、**活動アピール**になって「この企業はこういう活動をしているのか」と**企業イメージが向上**したり、他の企業から「こういう点で困っているなら、うちが協力できるかも」「うちも同じような活動をしているから協業したい」と**社外との連携促進につながる**可能性もあります。

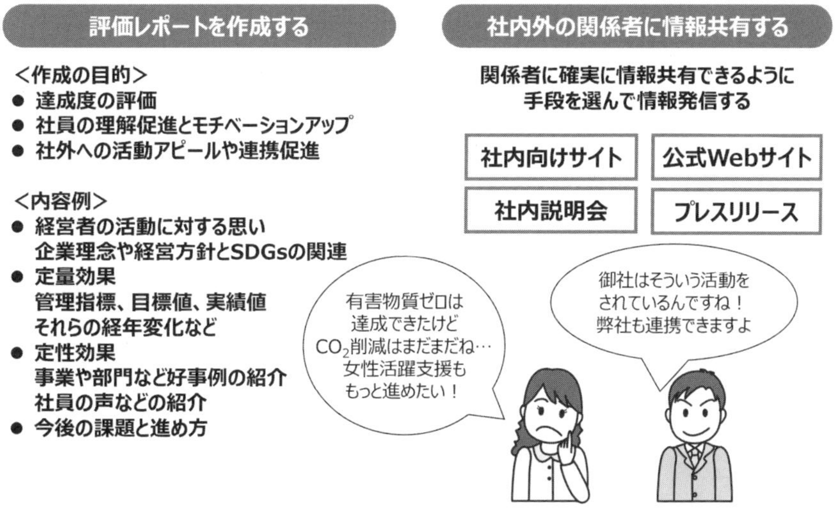

事業全体での総合的な解決に挑戦する

Point

- **事業の一部では解決が難しくてもあきらめない**
- **事業全体を見渡してみると、解決の糸口が見つかる場合がある**

SDGs経営に取り組み始めるときは「できることからとにかくやってみる」という姿勢で構いませんが、一定期間後に効果測定してみると色々気づくことがあるでしょう。事業内容によっては、どうしても解決が難しい部分があって壁に当たるかもしれません。そのときは、その一部だけに捉われてあきらめるのではなく、**事業全体での総合的な解決に挑戦する**という方法があります。

例えば、製造業の場合で考えてみましょう。製造段階にフォーカスすると、電力などのエネルギーが大量に必要だったり、CO_2排出量をゼロにするのが難しいかもしれません。しかし、研究開発、調達、製造という段階を経て製品が販売され、ユーザーが購入して使用し、最終的に廃棄されるまでの**製品ライフサイクルやバリューチェーン全体で考えると解決の糸口が見つかる**可能性があります。調達段階でフェアトレード認証を受けている材料を選んで人権保護への貢献を考えたり、環境にやさしい輸送手段を使ったり、販売時の過剰包装をやめたり、メンテナンス体制を徹底して長く使い続けられる工夫をしたり、廃品回収のしくみを作って再利用を促進するなど、できることがたくさんあります。

世界のネットワークインフラを支えるIT業界でも、大量に稼働するサーバーが消費する電力はゼロにできませんが、製品の廃品回収と再利用を徹底してリサイクル100％を目指すなど、事業全体での社会課題解決に取り組んでいる例があります。

自社の事業に関わるプレーヤー全体で取り組む

Point

- **自社の事業に関わるプレーヤーを洗い出して、プレーヤー構造図にする**
- **どのプレーヤーと協業すると改善効果が高いかを考えよう**

事業内容に関わらず、企業が行う事業活動には多くのプレーヤーが関わっています。社会課題解決への取り組みも、**事業に関わるプレーヤー全体で考える**と、新たな可能性が広がったり活動が加速できたりします。

まず、自社の事業に関わるプレーヤーを洗い出して、**どういう企業がどのように連携して事業が成り立っているのか**、明らかにします。以下の例のようにざっくりでも構わないので、**プレーヤー構造図**として図解するとさらにわかりやすいです。プレーヤー構造図を見ながら、どのプレーヤーと協業すると改善効果が高いかを検討して活動加速を目指します。

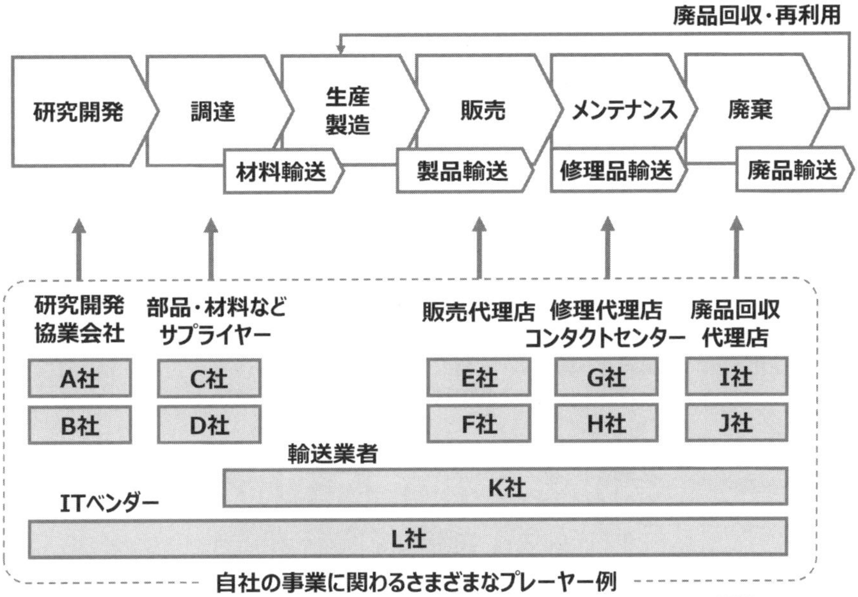

企業と地域の協働によってイノベーションを起こす

Point

- **企業は地域活性化の担い手！地域課題の解決に貢献しよう**
- **地方公共団体を始めとして、地域のさまざまな団体や市民と連携し協働する**

地域に密着した事業や、地場産業を営む企業は、**地域活性化の担い手**です。地域が抱える社会課題解決に向けて、**地方公共団体**を始めとして、商工会議所など**地域の経済団体**や、**地方銀行**などの金融機関、NPOやNGOなど**地域の市民団体**などと連携し、協働することで地域を変えるイノベーションを起こせる可能性があります。

例えば、自社の事業をとおして、**衰退している地場産業の活性化**に取り組んだり、**人口減少や高齢化に伴って発生している地域の問題解決**に貢献したり、**都市からの人材採用**を積極的に行ったり、**人材交流**の場を作るなどがあります。また、地方公共団体などの支援を受けながら、地域の複数企業で連携して**地産地消のしくみ作り**に取り組んだり、**SDGs未来都市**の活動の一端を担ったり、地域の資源を活用した**新たな産業を立上げる**など、現在の事業の範囲を超えて挑戦する可能性も広がるでしょう。

産学官連携や複数企業の連携でイノベーションを起こす

Point

- **産学官連携で、企業だけでは実現できない大きなイノベーションを起こす**
- **複数企業連携で、これまでは考えられなかった新たな可能性が広がる**

企業だけでは実現が難しいことでも、**産学官連携によって大きなイノベーション**を起こせる可能性があります。大学などの研究機関と連携することで先進技術の開発が加速したり、法律の制定や改正、制度の導入、助成金など、官公庁や地方公共団体のリーダーシップや各種支援も力になります。

複数企業連携も、新たな可能性を広げる原動力になります。もともと協業関係にあった企業同士が連携するだけでなく、これまで接点がなかった企業が、社会課題解決という大きな目標に向かって手を組む例が近年増加しています。**異業種連携**で新しい価値を生み出したり、**同一業界内の競合関係にある企業が連携**して大きな影響力を発揮したり、**大企業とベンチャー企業が手を組む**ことで大きな資源とスピーディで革新的なアイディアを得て活動を加速するなど、さまざまな連携例が考えられます。

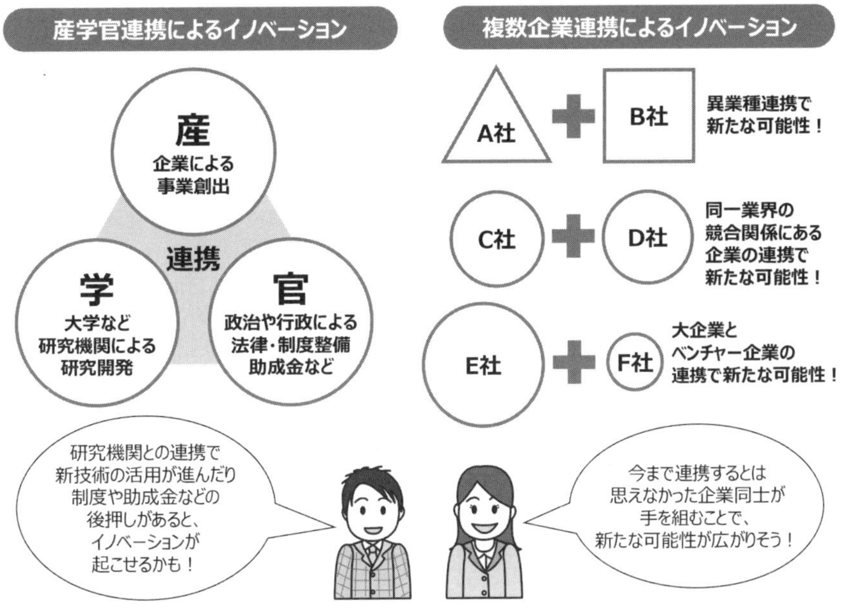

SDGsに関連する表彰や認証に挑戦する

Point

- **国際的な認証、日本国内の認証、分野別にさまざまなものがある**
- **一般の認知度はまちまちだが、認証取得はひとつのエビデンスになる**
- **自社の得意分野、社会に認知してもらいたい分野で検討するとよい**

SDGsへの取り組みに対する客観的な評価のエビデンスとして、**官公庁や各種団体が行っている表彰や認証を取得する**方法があります。エコマークはおなじみですが、近年は国際的にも国内でもさまざまな表彰や認証があるので、自社の得意分野や社会に認知してもらいたい分野で検討するとよいでしょう。

SDGsに関連する表彰・認証例

ジャパンSDGsアワード	＜SDGs推進本部＞ SDGs達成に貢献する優れた活動をした企業・団体を表彰する。
ESGファイナンス・アワード・ジャパン環境サステナブル企業部門	＜環境省＞ 環境関連の重要な機会とリスクを企業価値向上に向け経営戦略に取り込み、企業価値にもつなげつつ環境への正の効果を生み出している環境サステナブル企業を表彰する。
健康経営優良法人認定制度	＜経済産業省＞ 地域の健康課題に即した取組や日本健康会議が進める健康増進の取組をもとに、特に優良な健康経営を実践している大企業や中小企業等の法人を顕彰する。
エコマーク	＜公益財団法人日本環境協会エコマーク事務局＞ 「生産」から「廃棄」にわたるライフサイクル全体を通して環境への負荷が少なく、環境保全に役立つことを認証する。
国際フェアトレード認証	＜国際フェアトレードラベル機構（Fairtrade International）＞ 開発途上国の原料や製品を適正な価格で継続的に購入することにより、立場の弱い開発途上国の生産者や労働者の生活改善と自立を目指すフェアトレードによる製品を認証する。
FSC認証	＜森林管理協議会（Forest Stewardship Council）＞ 環境、社会、経済の便益に適い、管理された森林からの製品を目に見える形で消費者に届け、それにより経済的利益を生産者に還元する仕組みを構築している組織を認証する。
MSC認証	＜海洋管理協議会（Marine Stewardship Council）＞ 天然の水産資源において持続可能な管理を保証する認証。通称、海のエコマーク。
ASC認証	＜水産養殖管理協議会（Aquaculture Stewardship Council）＞ 養殖の水産物において持続可能な管理を保証する認証。環境保護、地域社会や労働者の人権家の配慮など、責任ある養殖業による水産物であることを認証する。

SDGsウォッシュに注意する

Point

- **SDGsに取り組んでいると見せかけているのが「SDGsウォッシュ」**
- **真摯に取り組んで、見せかけ、誇張、矛盾、あいまいさがないように気を付けよう**

SDGs経営に取り組むにあたっては、企業理念や経営戦略に組み込んで社内外に示したり、実施に当たって理解を求めるために情報発信したり、活動の進捗状況を評価レポートにまとめて公開するなど、**さまざまな手段で活動をアピール**するでしょう。活動アピール自体は、社内外の理解を得たり、協力者を得るために重要な活動です。**成果が出たり、好事例が生まれたら積極的にアピール**して、**企業イメージ向上や生存戦略として活用**しましょう。

一方で、気を付ける必要があるのが「**SDGsウォッシュ**」です。SDGsウォッシュとは、**取り組んでいると見せかけて実際には行っていないこと**を言います。もともと、環境問題に取り組んでいると見せかけていることを「**グリーンウォッシュ**」と呼んでおり、SDGsにも同様の表現が使われるようになりました。近年、投資家も消費者も企業の活動を見る目が厳しくなっており、**実態が見えなかったり**、**誇張や矛盾**があったり、**根拠がはっきりしない**活動のアピールは**逆効果**です。真摯に活動し、アピールの内容や表現にも気を付けましょう。

Work 13 自社に関わるSDGsを考えよう

あなたが所属する企業では、SDGsの達成にどう貢献できますか？　事業や働き方改革との関連で考えて、**Worksheet 13**を使って理解を深めましょう。

企業に所属していない人は、興味がある企業について調べてみましょう。

- 自社（または興味がある企業）の事業は、SDGsの17の目標にどう関連しますか？
- 自社（または興味がある企業）の働き方改革の施策は、SDGsの17の目標にどう関連しますか？
- 調べてみて感じたこと、考えたことをまとめましょう。

Worksheet 13（ダウンロードしてご使用ください）

Worksheet 13	自社に関わるSDGsを考えよう
自社（または興味がある企業）の事業とSDGsとの関連	
貢献できる目標番号	事業活動のなかでSDGs達成に貢献できる具体例
自社（または興味がある企業）の働き方改革とSDGsとの関連	
貢献できる目標番号	働き方改革をとおしてSDGs達成に貢献できる具体例
まとめ	調べてみて感じたこと、考えたことをまとめましょう

第6章 一人ひとりができる
アクションを考えよう

SDGsの達成を目指して私たちには何ができるんだろう？

SDGsの達成に向かって世の中が変わろうとしていることを知ったリョウとナオ、2人の興味は自分の身の回りへと向かいます。

リョウ　「世界各国の政府だけでなく、企業も積極的に取り組んでいるんだね」

父　「世界中の**すべての国、すべての人々の課題**だからね」

ナオ　「大企業も、中小企業も、それぞれができることを工夫している…」

父　「もちろん、大企業が取り組めば影響は大きいけど、**小さな活動の積み重ねで世界は変わっていく**んだと思うよ」

ナオ　「じゃあ、私たちにもできること、あるのかなぁ」

リョウ　「エコバックを使うのも、少しは役に立っているんじゃない？」

母　「そうね。リョウが電気をつけっぱなしにするのをやめてくれたら、それも省エネルギーに貢献すると思うけど？」

リョウ　「え〜っ　今それ言う？」

ナオ　「私も、**今まで深く考えていなくて恥ずかしい**ことがあるな」

母　「例えば？」

ナオ　「世界で何億人もの人たちが貧困や飢餓で苦しんでいるし、日本でも満足に食事ができない子供たちがいるのに、私はダイエットとか言って食べ残したりして…」

リョウ　「そうだなぁ。考えてみると、僕も色々ありそう」

父　「小さなことでいいから、**自分たちができること**を考えてみようよ」

母　「**我が家のSDGs**ね！」

基礎知識チェック

皆さんはSDGs達成に向けて「**一人ひとりができること**」を実践していますか？新多家の家族が話し合っているように、私たちの身の回りにもできることがたくさんあります。

「**一人ひとりができること**」の例を以下に挙げますので、実施状況をチェックしましょう。

□	食品ロスを減らすために、行っていることがある
□	省エネルギーや節水のために、行っていることがある
□	CO_2削減のために、行っていることがある
□	紙の使用量を減らすために、行っていることがある
□	プラスチックの使用量を減らすために、行っていることがある
□	できるだけ環境負荷が少ない交通手段を選んでいる
□	自分の健康を維持・増進したり、病気予防のために行っていることがある
□	ESG関連銘柄に投資している
□	SDGs達成につながる活動をしている団体に参加、または、寄付をしている
□	選挙に投票するときに、SDGs達成に関連する政策や公約にも着目している

いかがでしたか？

上記に取り上げた項目以外にも、さまざまな取り組みが考えられます。第6章では、SDGsが目指す世界に向けて私たちは何ができるのか、**身近な取り組みのヒント**を紹介します。第6章を読んで、自分ができるアクションを考えたり、見直すきっかけにしましょう。

第6章　こんな疑問にお答えします

- 私たちの生活とSDGsは、どうつながっているの？
- SDGsに取り組みたいけど、何から始めたらいいんだろう
- 一人ひとりができるSDGsの取り組みには、どういう例がある？

「SDGsの目」で身の周りを見渡す

Point

- **家のなか、オフィスや学校、地域社会、外出先など、SDGsの視点で見渡す**
- **ひっかかること、問題点に気づいたら、それを取り組みの糸口にしよう**

SDGsは人類と地球全体の課題であり、世界を変えるための目標です。とても大きなテーマに感じるかもしれませんが、**私たちの身近にある小さな問題解決の積み重ね**がSDGs達成につながっています。

今まで見過ごしていたことも、**SDGsを念頭おいて考えると問題に気が付く**ことがあります。家のなか、オフィスや学校、地域社会、外出先など、いつも「**SDGsの目**」で身の回りを見渡してみましょう。「これって、**誰一人取り残さない（leave no one behind）**という考えにかなっているかな？」「環境保全に反しているんじゃ？」「つくる責任、つかう責任を果たしている？」「ジェンダー平等のために、もっとこうしたほうがいいかも」など、ひっかかることがあったり、問題点に気づいたら、それが取り組みの糸口になります。

「もっといない」を探す

▶ Point

- **世界で注目される日本の「もったいない」は、ムダを発見するキーワード**
- **自分の身の回りの「もったいない」を探そう**

私たちの身近にある問題を発見する方法のひとつに、「**もったいない**」があります。日本では昔から当たり前に使われてきた言葉ですが、**モノをムダにすることを嘆き、モノを大切にする思い**を表す象徴的な言葉として世界でも注目されています。

自分の身の回りに「**もったいない**」ことがないか、改めて考えてみるとたくさん思い当たるかもしれません。電気、ガス、水、ガソリン、紙、プラスチック、食品、本、洋服など、色々あるでしょう。**ムダ使いする**のはもったいない、**使わずに置いておく**のはもったいない、**捨てる**のはもったいないなど、「**もったいない**」にもさまざまなケースがあります。自分の身の回りにある「**もったいない**」を探してみましょう。

身の回りにある「もったいない」を探すと、問題点や解決策が見えてくる

商品にまつわるストーリーに目を向ける

Point

- **今手に取っている商品が「持続可能な開発にかなっているか」考えよう**
- **商品にまつわるストーリーに目を向けると、見えてくることがたくさんある**

私たちは、日常生活でさまざまな商品を手にしています。それらについて「**持続可能な開発にかなっているか**」と考えてみると、商品選びが変わるかもしれません。

商品には、それが生み出されてから廃棄されるまでの「**ストーリー**」があります。材質や機能など商品そのものだけでなく、材料が作られる過程や、材料を使って製造する過程での環境や人権への配慮について考えたり、販売方法、輸送手段、修理するときの対応や廃品回収の有無など、**商品にまつわるさまざまなことに目を向けて**みましょう。そこから見えてくることがたくさんあります。

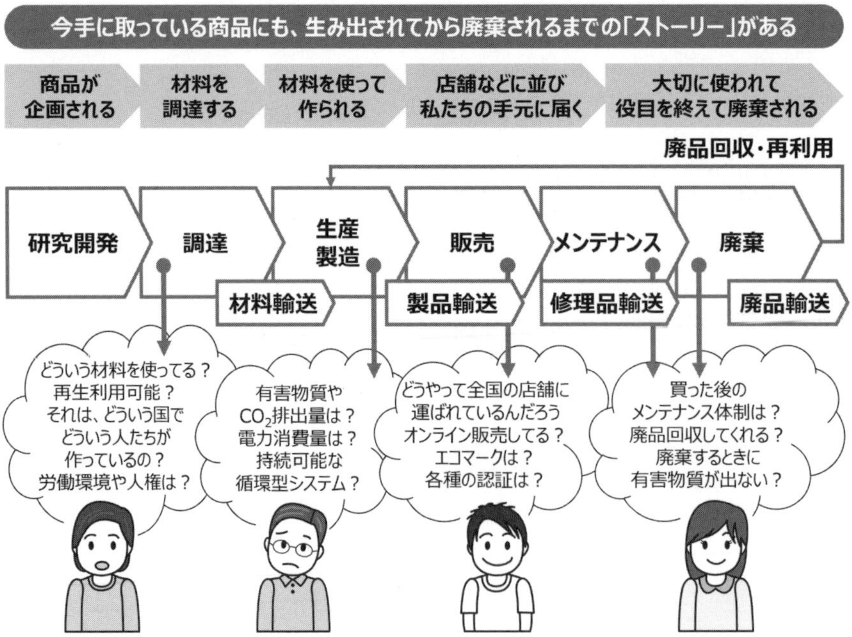

Work 14 身の回りにある問題を考えよう

あなたの身の回りをSDGsの目で見ると、どういう問題がありますか？

身近にある「もったいない」を考えたり、日ごろ手にしている商品にまつわるストーリーを考えるなどして、**Worksheet 14**を使って理解を深めましょう。

- SDGsの17の目標に関して、あなたの身の回りにはどういう問題がありますか？
- あなたが体験したり、実際に見聞きしたエピソードを書き出しましょう。
- 書き出してみて感じたこと、考えたことをまとめましょう。

Worksheet 14（ダウンロードしてご使用ください）

Worksheet 14	身の回りにある問題を考えよう
目標番号	自分の身の回りにある問題（自分が体験したこと、実際に見聞きしたことなど）
まとめ	書き出してみて感じたこと、考えたことをまとめましょう

4Rプラスアルファで自分ができることを考える

Point

- **ムダ削減に関する基本は、Refuse、Reduce、Reuse、Recycleの4R**
- **Repair、Reform、Rentalなども加えて、さまざまな "R" で考えてみよう**

ごみの廃棄量を減らすなど、ムダ削減に関する**4R**と言われるのが、**Refuse**、**Reduce**、**Reuse**、**Recycle**です。**Refuseは断る**、例えば、エコバックを持参してレジ袋を断るように最初からムダになるものを受け取らないことです。**Reduceは減らす**、詰め替え品を使って容器を減らすとか、生ごみの水切りをしっかりして量を減らすといった行動です。**Reuseは再利用**、物を大切にして繰り返し何度も使うとか、中古品を売ったり買ったり譲ったりするなどがあります。**Recycleは再生利用**、資源ごみを分別して捨てることで再生したり、再生可能な材料で作られている商品を選ぶなども含まれます。

他にも、ムダ削減や資源を大切に使うために有効な "**R**" として、**修理して使うRepair**、**作り変えて使うReform**（付加価値をつけて再生するアップサイクルという方法もある）、買わずに必要なときだけ**借りるRental**などがあります。さまざまな "**R**" で、自分ができることを考えてみましょう。

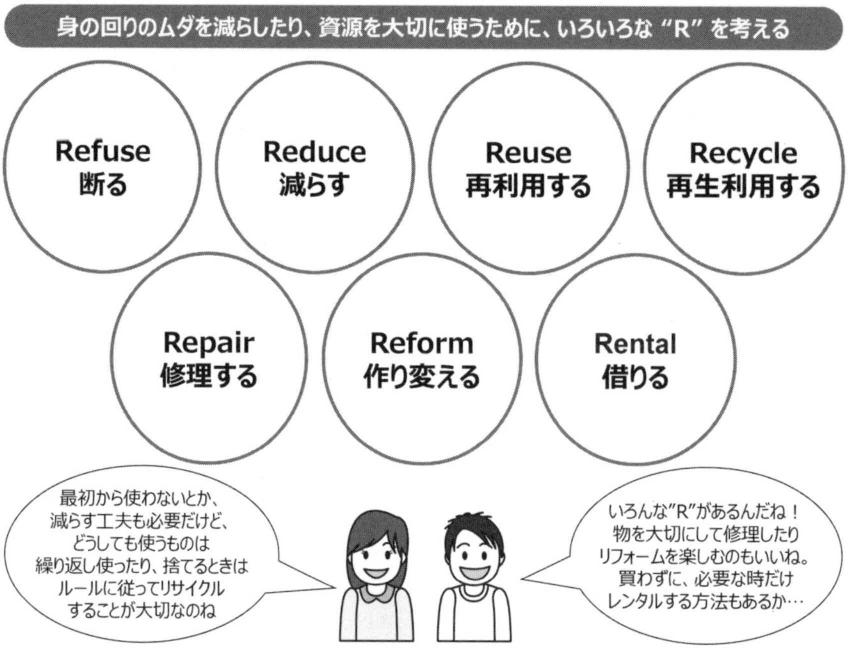

食品ロスを減らす

▶ Point

- **買いだめ、食べ残しなど、何気なく行っている悪習慣をやめよう！**
- **消費期限や賞味期限の意味を正しく理解し、新鮮さを過剰に追求しない**

日本を始めとする**先進国での食品ロス**（フードロス）は、**開発途上地域の貧困や飢餓に悪影響**を及ぼしています。日本では、大量に発生している食品ロスの約半分は家庭から出ているので、私たちが日常生活のなかで行動を変えていく必要があります。

買いだめして結局食べなかったり、食べきれない量を用意して食べ残すなど、何気なく行っている悪習慣はすぐにやめましょう。残すなら最初から少なくしてもらうとか、捨てずに冷凍するなど、ちょっとした工夫で食品ロスが減らせます。

消費期限や賞味期限への理解不足も食品ロスにつながります。消費期限は「定められた方法により保存した場合において、腐敗、変敗その他の品質の劣化に伴い安全性を欠くこととなるおそれがないと認められる期限」で、賞味期限は「定められた方法により保存した場合において、期待されるすべての品質の保持が十分に可能であると認められる期限」です。つまり、**賞味期限はおいしく食べられる期限で、超えてもすぐに食べられないわけではない**という意味です。また、自分が食べ切れる時期に対して十分な消費期限であればよいので、すぐ食べるなら消費期限間近の品を買うのもよい方法です。

食品ロスを減らすために、私たち一人ひとりができる取り組み例

<溜めない>
- 必要以上に買いだめしない
- 非常食もストックするだけでなく、日常生活で食べるものを選んで常に入れ替える

<新鮮さを過剰に追求しない>
- 消費するスピードを考えて過剰に新しいもの（消費期限や賞味期限が長いもの）を選ばない
- 見切り品や訳あり品を選ぶ

<食べる分だけにする>
- 食べる分だけ取り分ける
- 最初から減らして食べ切れる量にしてもらう

<余っても捨てない>
- 野菜や果物の皮のように、捨てていた部分の活用を考える
- 食べ切れないものは冷凍を活用する
- 好き嫌いを減らせるようにおいしくいただく工夫を楽しむ
- 家族や友人におすそ分けする

エネルギーや水を大切にする

▶ Point

- **私たちの生活を支える電気、ガス、水などを節約しよう**
- **家庭でも太陽光発電を導入できるなら、クリーンエネルギーを使おう**

私たちの生活を支える**電気、ガス、水は、なくてはならないライフライン**ですが、そこにもムダ使いがたくさんあります。ひとつひとつは小さなことでも、**節約する工夫の積み重ね**が大切です。電気、ガス、水の節約は、料金というかたちで成果がわかりやすくフィードバックされるので、取り組みやすいテーマです。「こういう工夫をしたらどのくらいの節約になるのかな？」と**家族で楽しんで実験する**のもよい進め方です。取り組み例を以下に挙げましたが、他にもできることがあります。**毎日の習慣に関わることが多く、家族全員で取り組む必要がある**ので、それぞれの家庭の事情を踏まえて家族で話し合うとよいでしょう。

エネルギーや水を大切にするために、私たち一人ひとりができる取り組み例

<電気やガスを節約する>

- 部屋の照明、テレビ、エアコンなどのつけっぱなしをやめる
- エアコンの温度設定を夏は高め、冬は低めに設定して、服装で調節する
- 夏は、遮光カーテンや日除けなどを使って外気の影響を減らす
- 冬は、すきま風を防いだり、断熱カーテンなどで外気の影響を減らす
- スイッチ付き電源タップを使って、電化製品の待機電力量を減らす
- 冷蔵庫は、隙間を空ける
- 冷凍庫は、適度に詰める
- 耐用年数を超えている古い電化製品は省エネ設計の新しい機種に買い替える

<節水する>

- 入浴時にお湯を出しっぱなしにしない
- 手桶や洗面器を使う
- 食器を洗うときに汲み置きをする
- 食器の汚れを古新聞などでふき取ってから洗う
- 食器洗い機や洗濯機は、少量で使わない
- 衣服の汚れ具合に合わせて洗濯時間やすすぎ回数を調整する

<クリーンエネルギーを使う>

- 太陽光発電を使う

紙の使用量を減らす

Point

- **家庭でも、オフィスや学校でも、大量の紙を使っている！**
- **電子化すれば、スピーディに閲覧できたり、保管スペースが節約できる**

私たちの生活のなかで、**紙の使用量**も見過ごせない問題です。適切に管理された持続可能な森林資源を用いた紙や再生紙であれば環境への負荷が低減されるとはいえ、紙のムダ使いはできるだけ減らしたいものです。家庭でも、オフィスや学校でも、大量の紙を使っていることでしょう。オフィスでは、紙を使わない**ペーパーレス**や、紙での保管をやめる**ペーパーストックレス**の取り組みが盛んに進められていますが、家庭においても重要です。

最初から使う紙を減らすには、チラシの投函を断ったり、新聞や雑誌を電子版にしたり、紙でもらっていた各種の利用明細や通帳などを電子化することが考えられます。資料を**電子化する**と、紙で探すより**スピーディに閲覧**できたり、**保管スペースを節約**できるなどのメリットがあります。書籍は、紙で手に取るよさが捨てがたいかもしれませんが、愛蔵本以外は電子版という選択もあるでしょう。近年は、一定金額で読み放題のサブスクリプションが増えているので、そうしたサービスを利用する手もあります。

紙の使用量を減らすために、私たち一人ひとりができる取り組み例

<最初から使わない・断る>

- できるだけ印刷しない
- 郵便受けなどに「チラシお断り」と書いておく
- 資料は、PDFなど電子データでもらう
- クレジットカードの紙の利用明細をやめる
- 金融機関の紙の通帳をやめる
- 金融機関の紙の運用報告書をやめる
- クレジットカード決済や銀行引き落としにして紙の請求書をもらわずに済むようにする
- 書籍、雑誌、新聞など電子版を利用する

<電子化する>

- 紙でもらった資料などを保存したいときはスキャンして電子化する
- 原本は紙保存でも、閲覧用に電子化して必要な人が、必要なときに、適切なアクセス権で活用できるように共有する

<再利用・再生する>

- 裏が使える紙は、情報セキュリティに注意したうえで再利用する（そのまま使ったり、切ってメモに）
- 使い終わった紙、不要な紙は、リサイクルに出す

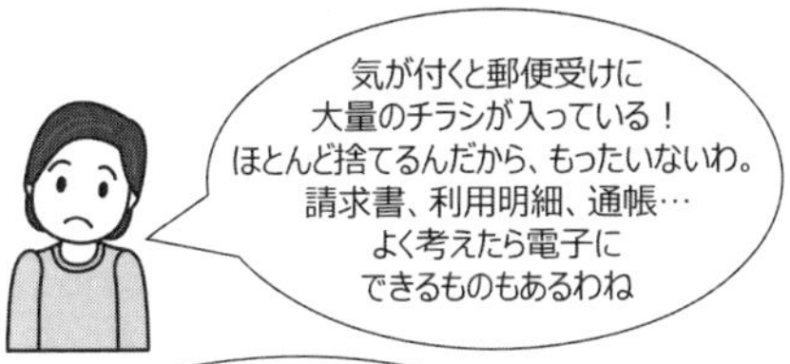

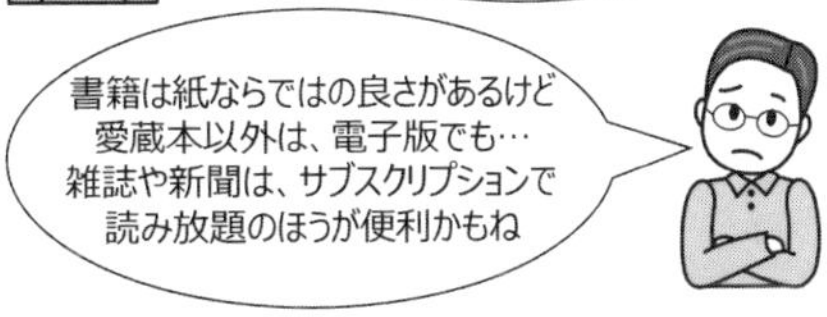

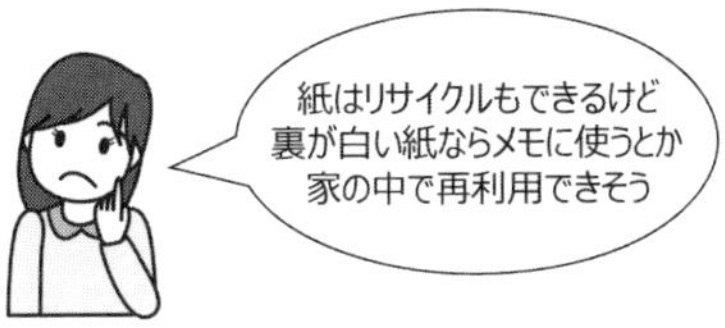

プラスチックの使用量を減らす

Point

- **私たちの生活の利便性を上げてきたとはいえ、プラスチックごみ問題は深刻**
- **プラスチックに頼っている生活に気づくことが第一歩！**

プラスチックは大変便利な素材であり、**私たちの生活に浸透**しています。使い捨てのストロー、スプーン、フォーク、皿、コップなどによって、食生活の利便性は大きく向上しました。プラスチック製の文房具類は軽くて丈夫で安価なものが多く、包装やパッケージにも広く使用されています。部屋のなかを見渡せば実に**多くのプラスチック製品に囲まれている**ことに気づくでしょう。

私たちの生活の利便性を上げてきたプラスチックですが、その大量消費による環境への悪影響は深刻です。海に流出したプラスチックごみによる海洋汚染は、生態系にも影響を与え、私たちの健康にも関わる恐れがあり、早急な対策が必要です。

私たちにできるプラスチックごみ削減策は、**最初から断ったり量を減らす**努力と、**徹底した分別回収による再生利用**です。あまりにも生活に浸透しているので、自分の生活を振り返って**プラスチックに頼っている生活に気づく**ことが第一歩とも言えます。

プラスチックの使用量を減らすために、私たち一人ひとりができる取り組み例

＜最初から使わない・断る＞

- エコバックを持参して、レジ袋を断る
- ストローを使わずに飲む
- プラスチックのスプーンやフォークを断る
- ボトルなどの容器を持参して中身だけ買う
- 傘や傘袋を持参してビニール傘を買わない
  ビニールの傘カバーを使わない
- スクラブ剤が入っている洗顔料などを買うときは
  天然素材のスクラブのものを選ぶ
- ホテルに備え付けの歯ブラシセットを使わない
- 化学繊維のニットなど、マイクロプラスチックを
  発生させやすい服を買わない

＜減らす＞

- 洗剤などは大容量の詰め替え用を選ぶ
- 簡易包装のものを買う
- 化学繊維のニットなどを洗濯するときは
  目の細かい洗濯ネットに入れて洗う

＜再利用・再生する＞

- 再利用できるものは使い捨てにしない
- ペットボトルやプラスチック容器などは
  ルールに従ってリサイクルする

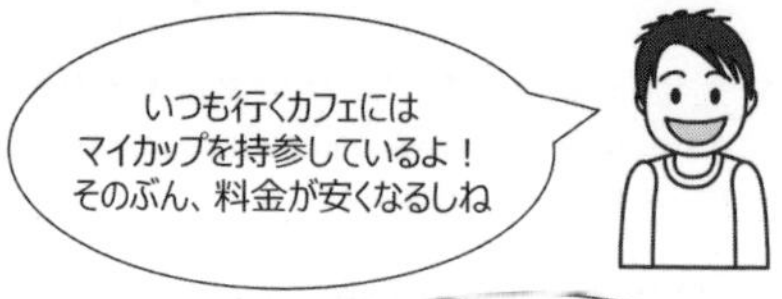

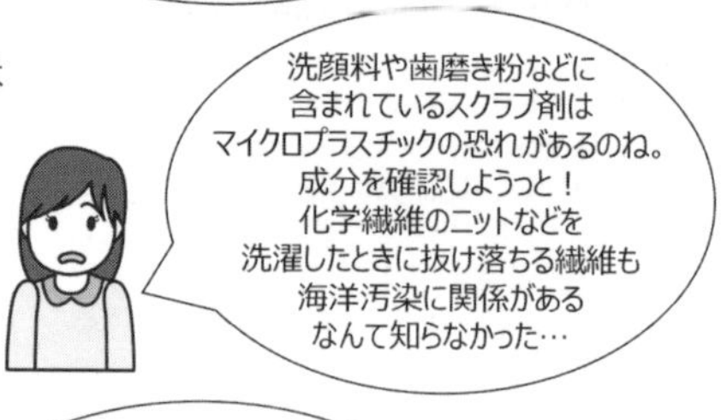

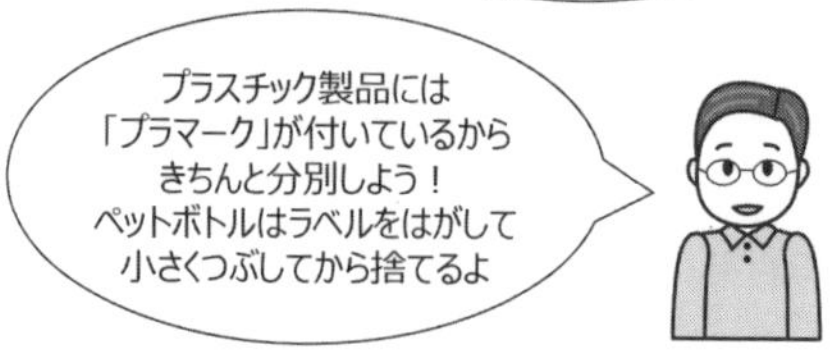

交通手段を見直す

Point

- **今までの習慣を見直して、環境への負荷が少ない交通手段を選ぼう**
- **自動車より電車、自転車、徒歩など、状況に合わせて適切な手段を組み合わせる**

私たちが日常生活のなかで使っている交通手段は、その種類によって環境への負荷が異なります。**利便性だけで選ばず**、省エネルギーや温室効果ガス削減などの視点で見直して、**環境への負荷が少ない手段**を選ぶのも私たち一人ひとりにできることのひとつです。

飛行機は、自動車や電車に比べて大量の燃料を使用し、CO_2はもちろん、それ以外の温室効果ガスを上空に排出します。地表より環境負荷が大きいことが指摘されており、さらに、客室内で消費される使い捨て容器類も問題視されています。近年は、環境負荷削減に積極的に取り組んでいる航空会社がありますので、そういう会社を選ぶのもよいでしょう。

飛行機よりは電車、電車よりは自転車や徒歩という選択もあります。コロナ禍によって通勤電車での**人との接触を避けて自転車通勤**に変えたり、**運動不足解消のために1駅分は徒歩**で行くなど、健康維持目的で交通手段を変えた人もいるかもしれません。

自動車業界は、ガソリン車から**電気自動車**（EV：Electric Vehicle）や水素と酸素で発電する**燃料電池自動車**（FCV：Fuel Cell Vehicle）などへと移行しています。車を所有せず、必要なときにレンタルしたりカーシェアするなど、柔軟な使い方が広がりつつあります。

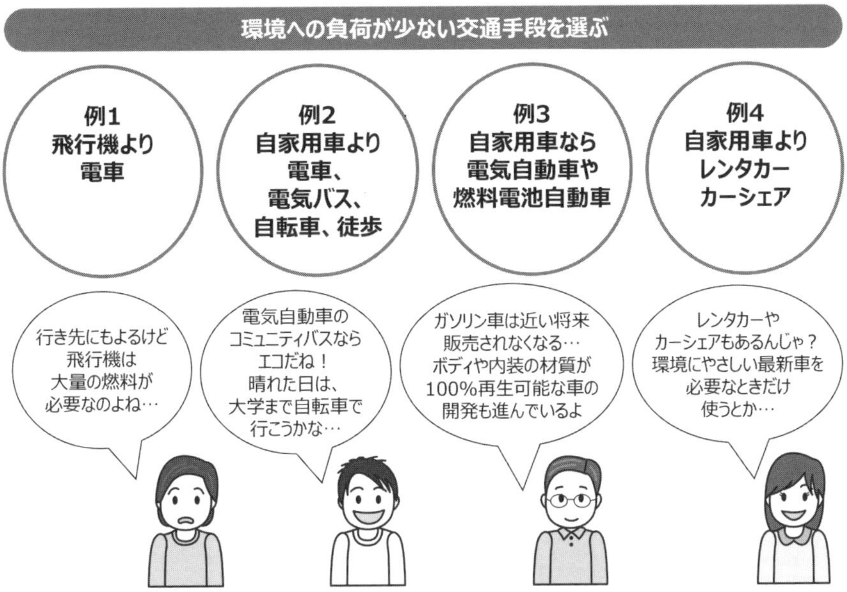

ヘルスリテラシーを高める

Point

- **健康によい食事・睡眠・運動の知識を高めて、心身の健康を維持・増進しよう**
- **一人ひとりが病気を予防・早期発見することで、社会保障制度の安定にもつながる**

日本は、国民皆保険制度が導入されていますが、少子高齢化が進むなかで**社会保障制度を安定して運用し続ける**には、**国民の健康寿命の延伸**が重要課題です。また、新型コロナウイルス感染拡大によって経済的な打撃を受けたことからもわかるように、国民一人ひとりが健康に関する正しい知識を学び、ヘルスリテラシーを高めて適切な行動を取ることが、経済成長に大きな影響を及ぼします。

心身の健康を維持・増進するために、**バランスのよい食事**、**質量ともに十分な睡眠**、**適度な運動**をしたり、病気の予防・早期発見に努めることが大切です。勤務先などで行われる**健康診断**を毎年受診したり、住んでいる地域で行われる**特定健診や特定保健指導**を受けると、病気の早期発見につながるとともに、生活習慣に関するアドバイスなども受けられるでしょう。

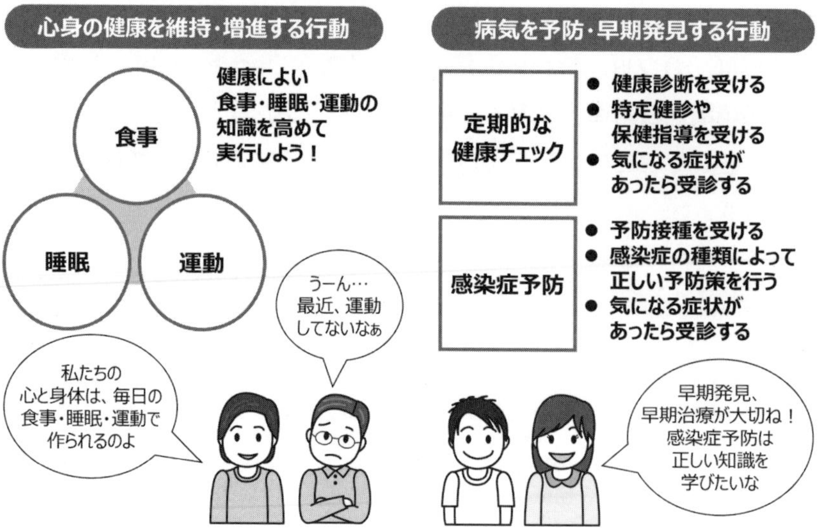

ESG関連銘柄に投資する

Point

- **近年ESG関連銘柄への投資規模は拡大している**
- **ESG投資は、SDGs達成に積極的な企業を応援する手段のひとつ**

2006年に国連事務総長より金融業界に向けて提唱された**国連責任投資原則**（Principles for Responsible Investment：PRI）をきっかけに**ESG投資**（ESG：Environment環境，Social社会，Governance企業統治）への関心が高まり、機関投資家はもちろん、近年では一般の投資家の間でも投資先選びの指標になっています。SDGs達成に積極的な企業の**株を買ったり**、ESG関連の複数企業への投資を組み合わせた**投資信託を選ぶ**ことは、利益を得るための行動であるだけでなく、そうした**企業を応援する手段のひとつ**です。

例えば、ジャパンSDGsアワードやESGファイナンス・アワード・ジャパン環境サステナブル企業部門など、過去に遡って**表彰企業**の情報を調べて参考にしたり、金融機関などが**ESG関連銘柄として格付け**している情報を参考にする方法があります。ESG関連の投資信託は、環境全般をテーマにしているものだけでなく、脱炭素に取り組む企業などテーマを絞っているものもあるので、興味がある分野で検討するのもよいでしょう。

ESG関連銘柄を選ぶ方法例

- ジャパンSDGsアワード、ESGファイナンス・アワード・ジャパン環境サステナブル企業部門など、表彰企業の情報を参考にする
- 金融機関などが、ESG関連銘柄として格付けしている情報を参考にする
- 銀行や証券会社などが販売しているESG関連銘柄の投資信託の購入を検討する
- 企業からの情報発信や、メディアによる報道などSDGsへの取組み情報を参考にする

支援したい活動に寄付する

Point

- **国際的な団体による活動、国内の団体による活動など、さまざまな寄付先がある**
- **好きなときに少額でも寄付できるので、負担できる範囲で検討するとよい**
- **寄付金は、所得控除の対象になる場合があるので要チェック！**

SDGs達成に関連が深い活動を行っている団体は、ユニセフ（UNICEF：国際連合児童基金）やユネスコ（UNIESCO：国連教育科学文化機関）のように国際的なものもあれば、国内で地域に密着して活動している小規模なNPOやボランティア団体もあり、実にさまざまです。多くの団体が寄付を受け付けているので、**支援したい活動があれば寄付というかたちで関わる**ことができます。定期的に一定金額を寄付したり、好きなときに好きな金額を寄付したり、団体によって異なるので**自分が負担できる範囲で検討**するとよいです。

地方公共団体が行っている特定の活動に寄付したい場合、**ふるさと納税のしくみを使う**方法があります。ふるさと納税は寄付のしくみが整っているので、初めての人でもやりやすいはずです。ふるさと納税だけでなく、各種の寄付は所得控除の対象になる場合がありますので、寄付するときに確認してください。

近年は、他にもさまざまな経済的支援方法が注目されています。**クラウドファンディング**は、特定のプロジェクトなどへの出資を不特定多数の人に広く募る方法で、少額から簡単に出資できるものが多くあります。社会課題解決につながる新規プロジェクトに期待や夢を持って出資するのは、楽しみのひとつでしょう。**自分が死亡したときに遺産のなかから寄付する遺贈**への意識も高まっています。元気なうちに支援したい団体を調べて、いざというときに寄付できるように遺言書などの手続きをしておくことが考えられます。例えば、ユニセフやユネスコも遺贈を受け付けていますので、興味がある人は調べてみるとよいでしょう。

応援したい活動に対して寄付する例

- ユニセフ（UNICEF：国連児童基金）やユネスコ（UNESCO：国連教育科学文化機関）など、国際的な活動に寄付する
- 地方公共団体に寄付する
- 地方公共団体にふるさと納税によって寄付する
- NPO/NGOに寄付する
- 各種ボランティア団体などに寄付する
- 大学など教育機関に寄付する
- 大学や各種研究所などの研究機関に寄付する
- 各種プロジェクトに寄付する
- クラウドファンディングに参加して出資する

選挙に投票するときに判断材料のひとつにする

Point

- **国や地方公共団体の政策に私たちの声を届ける方法のひとつが選挙への投票**
- **選挙に投票するとき、政党や候補者選びの判断材料にSDGsの視点を加える**

国や地方公共団体の政策に私たちの声を届ける方法は複数あります。国や地方公共団体の基本方針に関わる重要な政策、国民や市民に負担がある政策などは、意見募集（パブリックコメント）を行ったり、審議会を行って国民や市民の代表者を参加させたり、アンケートや公聴会などによる情報収集を行う場合もあります。なかでも、**最も身近な方法が選挙への投票**です。選挙権を持っている国民や市民は、全員が投票という方法で意思表示できます。支持する政党や候補者を決めるために、**政党が掲げている政策**を調べたり、今回の選挙の**マニフェストや主な論点へのスタンス**を比較するとき、**SDGsの視点を入れて考えてみる**とよいでしょう。持続可能な世界、持続可能な日本の実現に向けてリーダーを託せる政党や政治家を見極めて投票することで、間接的にでもSDGs達成に貢献できる可能性があります。

Work 15　自分自身が取り組むアクションを考えよう

私たち一人ひとりができるアクションについて例を挙げてきましたが、あなたは何に取り組みますか？　**Worksheet 15**を使って考えましょう。

- SDGsの17の目標に関して、あなたが取り組みたいことは何ですか？
- 既に取り組んでいることはありますか？
- それを確実に実行して成果を出すために必要なことは何ですか？
- 書き出してみて感じたこと、考えたことをまとめましょう。

Worksheet 15（ダウンロードしてご使用ください）

Worksheet 15　自分自身が取り組むアクションを考えよう		
SDGsに関して自分が取り組みたいこと	すでに取り組んでいること	成果を出すために必要なこと
まとめ　書き出してみて感じたこと、考えたことをまとめましょう		

索引

英数字

5 つの P 11, 63
5 つの主要原則 12
ASC 認証 108
ESD 教育 73
ESG 投資 53, 65, 66, 77, 89, 125
ESG ファイナンス・アワード・ジャパン 108, 125
FSC 認証 108
MDGs 8, 10
MSC 認証 108
SDG Index and Dashboards Report 47, 61
SDG サミット 42, 43, 66
SDGs アクションプラン 61, 65, 66, 68
SDGs ウォッシュ 109
SDGs 実施指針 12, 61, 62, 63, 65, 67
SDGs 推進円卓会議 61, 62, 83
SDGs 推進本部 12, 61, 62, 83
SDGs 未来都市 61, 65, 66, 81, 106
Society5.0 .... 65, 66, 75, 79, 92
Sustainable Development Report 47, 61, 68

あ

愛知目標 42, 50
インジケーター 15
エシカル消費 88
大阪ブルー・オーシャン・ビジョン 65, 66, 79
温室効果ガス 27, 52, 57, 77, 123

か

カーボンニュートラル 33, 66, 77
カーボンプライシング 77
気候変動枠組条約 32, 42, 52
気候変動枠組条約締約国会議 32, 42, 52
京都議定書 42, 50
クリーンエネルギー 27, 120
健康経営 67, 74, 101, 108
健康経営優良法人認定制度 74, 108
行動の 10 年 42, 43, 66, 88
後発開発途上国（LDCs） 9, 20, 29
国際自然保護連合 35
国連環境開発会議（地球サミット） 7
国連グローバル・コンパクト 42, 93
国連システム 44
国連責任投資原則（PRI） 42, 53, 125
国連ハイレベル政治フォーラム 37, 43, 61
国連ミレニアム・サミット 8

さ

自発的国家レビュー 61, 71, 78
ジャパン SDGs アワード 61, 68, 83
小島嶼開発途上国（SIDS） 9, 34
食品ロス（フードロス） 22, 119
スマートシティ 75
政府開発援助（ODA） 15
生物多様性条約 42, 50
絶滅の恐れのある生物リスト（レッドリスト） 35
仙台防災枠組 2015-2030 .... 33, 42, 44, 51

た

脱炭素社会 33, 52
脱炭素ドミノ 77
ディーセント・ワーク 5, 28
データヘルス改革 67, 74

は

パリ協定 32, 33, 42, 52
フェアトレード 88, 99, 108
プラスチック・スマート 79
プラスチックごみ 34, 79, 122
ヘルスリテラシー 124

ま

マイクロプラスチック 34, 79
マテリアルフットプリント 32
マリーン（MARINE）・イニシアティブ 79

や、ら、わ

ユニバーサル・ヘルス・カバレッジ 23, 67, 74
レジリエント 5, 7
ワーキングプア 20, 21

●著者紹介

山﨑　紅（やまざき あかし）

人材開発コンサルタント。富士ゼロックス株式会社（現　富士フイルムビジネスイノベーション株式会社）にて、ドキュメントコンサルティングに従事後、営業本部ソリューション営業力強化チーム長として課題解決型営業育成、人事本部人材開発戦略グループ長として全社人材開発戦略立案・実行を担当。その後、変革マネジメント部にて全社改革プロジェクトリーダーとして、コミュニケーション改革、働き方改革に従事したのち独立。コミュニケーションと人材を切り口に企業改革を進めるコンサルタントとして活動中。官公庁、民間企業、大学など幅広く指導。主な著書に「授業・セミナー・会議の効果を上げる オンラインコミュニケーション講座」「求められる人材になるための社会人基礎力講座 第2版」「企業が生まれ変わるための働き方改革実践ガイド」「小学生からはじめる　考える力が身につく本－ロジカルシンキング－」がある。

成蹊大学　経営学部　客員教授
一般社団法人 社会人基礎力協議会　理事　研究委員会副委員長
一般社団法人 日本テレワーク協会　アドバイザー
東京都ワークスタイル変革コンサルティング事業　コンサルタント
経済産業省推進資格　ITコーディネータ
一般社団法人 日本経営協会認定　情報資産管理指導者
日本ホスピタリティ推進協会認定　ホスピタリティ・コーディネータ

■本書についての最新情報、訂正、重要なお知らせについては下記 Web ページを開き、書名もしくは ISBN で検索してください。

https://project.nikkeibp.co.jp/bnt/

■本書に掲載した内容についてのお問い合わせは、下記 Web ページのお問い合わせフォームからお送りください。電話およびファクシミリによるご質問には一切応じておりません。なお、本書の範囲を超えるご質問にはお答えできませんので、あらかじめご了承ください。ご質問の内容によっては、回答に日数を要する場合があります。

https://nkbp.jp/booksQA

持続可能な私たちの未来を考える

SDGsワークブック

2021 年 12 月 20 日　初版第 1 刷発行

著　　者　山﨑 紅
発 行 者　村上 広樹
発　　行　日経 BP
　　　　　東京都港区虎ノ門 4-3-12　〒 105-8308
発　　売　日経 BP マーケティング
　　　　　東京都港区虎ノ門 4-3-12　〒 105-8308
装　　幀　斉藤 重之
DTP 制作　持田 美保
印刷・製本　大日本印刷株式会社

ISBN978-4-296-07020-6　Printed in Japan